THE ART AND MAKING OF

MICKEY
17

미키17_아트 앤 메이킹

MICKEY 17

사이먼 워드

봉준호 서문

문학수첩

종의 기원: 휴먼 프린터에서 새로운 미키 반
스가 탄생하다.

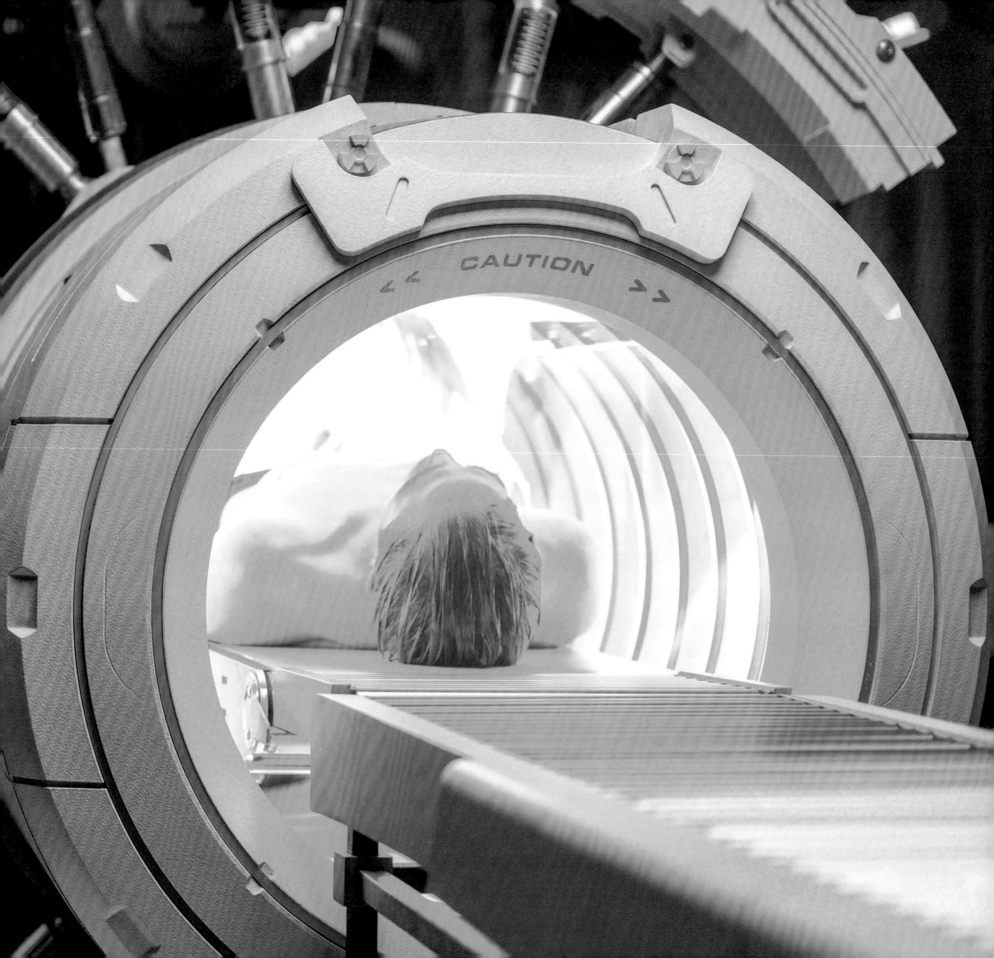

CONTENTS

들어가는 말

커다란 우주선을 타고 새로운 행성으로 이주를 하고
휴먼프린터에서 사람을 출력하는 그런 세상에서도
인간들 하나하나는 여전히 찌질하고 애처롭고 우스꽝스러운
그런 세계.

미키17의 가혹한 노동과 반복되는 고통과 달콤한 사랑이
뒤범벅된 세계.

첨단의 팬시한 기계들이 자태를 뽐내고
수려한 얼굴의 영웅들이 먼 우주를 바라보는,
그런 웅장한 sci-fi epic이 아니라

캐릭터에게서는 땀 냄새가 맴돌고
기계에서는 기름때가 흐르는,
뭔가 '누추한' SF의 세계.

그런 세계를 함께 그려내기 위해 나와 머리를 맞댄
미술감독 피오나 크롬비, 의상디자이너 캐서린 조지
VFX 감독 댄 글래스, 촬영감독 다리우스 콘지
그들과, 그리고 더 많은 아티스트들과
함께한 여러 기록들을 이 책으로 남긴다.

런던 시내와 리브스덴의 사운드스테이지를 오가며
쏟아냈던 그 수많은 사진과 드로잉과 페인팅,
미니어처와 디지털 이미지들…
가장 아름답게 하나의 책으로 프린트되어
살아남기를 바라는 마음.

미키 반스의 마지막 미소처럼
언제나 편안한 웃음과 함께
이 책의 페이지들을 다시 열어보고 싶다.

—봉준호

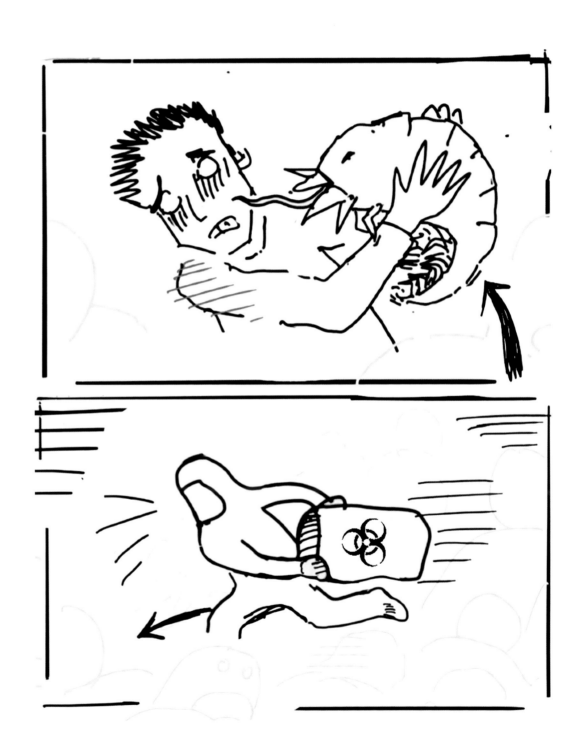

미키의 탄생
THE BIRTH OF MICKEY

포스트 기생충

〈기생충〉은 부유한 상류층 가족의 삶에 시나브로 침투하는 현대 서울의 노동자 가족의 이야기로, 우리 사회를 익살맞게 고찰하는 동시에 씁쓸한 뒷맛을 남기는 작품이다. 봉준호 감독의 일곱 번째 영화인 〈기생충〉은 한국 영화로는 전례 없는 성공을 거뒀다. 2019년, 칸 영화제에서 황금종려상을 수상한 후 전 세계 박스오피스에서 2억6천만 달러 이상을 벌어들이며 세계인의 찬사를 받았을 뿐만 아니라 비영어권 영화로는 최초로 작품상을 포함해 총 네 개의 오스카상을 거머쥐는 쾌거를 이뤘다. 〈기생충〉은 한국 영화를 접해본 적이 없는 많은 관객들에게 한국 영화를 알리는 촉매제가 되어 문화적 현상을 일으켰다. 그리고 번뜩이는 지성과 인간적인 따뜻함이 어우러진 이 작품을 통해 봉 감독은 물론 영화의 출연진과 제작진까지 각종 시상식에서 상을 휩쓸며 팬들의 마음을 사로잡았다.

커리어에 굵직하게 한 획을 긋고 난 뒤 몇 달이 지난 무렵이었다. 봉준호 감독은 무얼 하고 있었을까?

"2020년 2월, 〈기생충〉이 오스카상을 수상한 직후 팬데믹이 찾아왔습니다"라고 봉 감독은 회상한다. "2020년과 2021년, 2년 동안 두 편의 대본을 썼습니다. 하나는 〈미키17〉이었고, 다른 하나는 다음 작품이자 제 첫 번째 애니메이션 프로젝트였습니다. 사실 작업을 처음 시작한 시기는 〈기생충〉이 한국에서 개봉한 후 칸 영화제의 레드카펫을 밟은 2019년이었죠. 당시 나는 2016년 런던에서 일어난 실제 사건을 모티브로 한 다른 프로젝트를 진행 중이었고, 최두호 프로듀서와 함께 실제로 사건을 겪은 가족을 찾아갔습니다. 가족 중 한 분을 만난 후 나는 스스로에게 윤리적 질문을 던졌습니다. '이 사건에 관한 이야기를 제작하는 것이 옳은가?' 1년 반에서 2년 가까이 준비한 프로젝트를 포기하고 나니 갑자기 머릿속이 텅 비어버리더군요. 그러다 2019년 말, 오스카 후보에 오른 뒤에는 홍보 활동 때문에 하루하루를 정신없이 보냈습니다. 홍보가 끝나고 일이 마무리되고 난 뒤에 영화 제작사 플랜B의 제러미 클라이너가 에드 애슈턴이 쓴 SF 소설 『미키7』을 보내줬어요."

봉 감독의 필모그래피는 정교한 카메라워크, 깊이 있는 캐릭터, 완벽하게 조율된 속도감과 연기, 톤과 장르가 균형을 이루는 작품들로 찬사를 받아왔다. 봉 감독은 세상을 바라보고 표현하는 그만의 독특한 방식을 통해 죄책감과 책임감을 다룬 2009년의 〈마더〉와 암울하면서도 유쾌한 매력을 지닌 SF 영화

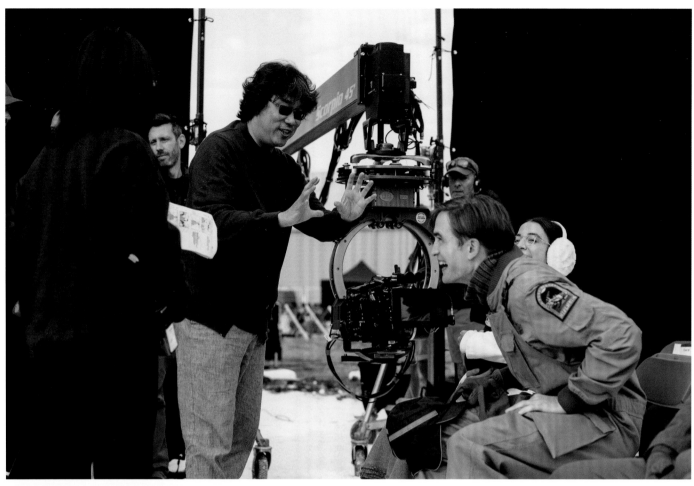

16쪽 위: 로버트 패틴슨에게 영화의 마지막 장면 연출을 지시하는 봉준호 감독.

16쪽 아래: 어리석고 위험한 선동가 케네스 마샬로 변신한 마크 러팔로.

17쪽: 지구에서 절체절명의 위기에 처했던 미키(로버트 패틴슨)와 티모(스티븐 연)는 가능한 한 멀리 도망치고자 했다. 그 선택이 지구를 떠나는 것을 의미할지라도.

〈설국열차〉처럼 서로 다른 개성을 지닌 스토리를 각각의 완성된 작품으로 탄생시켰다. 하지만 그는 자신의 영화를 원작의 일부로 여기지 않고 스토리와 캐릭터가 자신에게 얼마나 흥미로운지를 더 중요하게 생각한다. 『미키7』의 경우, "원작에서 미키는 역사학자입니다. 하지만 제 상상 속에서는 처음부터 이 캐릭터에 대한 접근 방식이 달랐어요. 극한의 상황에 처한, 엉뚱하고 기발한 젊은 노동자 계급 남자의 초상을 아주 세밀하게 그려보고 싶었어요.

당연히 숫자에도 의미가 있습니다. 『미키7』은 그가 일곱 번 죽었다는 뜻입니다. 하지만 나는 더 많이 죽었길 바랐어요! 반복적이고 일상적인 삶을 표현하려면 열일곱 번 정도는 죽었어야 할 것 같더라고요."

2021년 늦여름, 봉 감독은 전 세계적인 팬데믹의 종식을 앞둔 몇 달 동안 죽음에 대해, 특히 한 남자의 죽음에 대해 글을 쓰며 시간을 보냈다. 그 남자는 바로 미키 반스였다.

그의 새 프로젝트가 공식적으로 시작된 것이다.

원작의
각색

『미키7』은 2022년 2월 22일 세인트 마틴 출판사에서 출간되었다. 이 작품은 『Three Days in April(가제: 4월의 사흘)』과 『The End of Ordinary(가제: 평범의 끝)』에 이은 에드워드 애슈턴의 세 번째 소설로, 머나먼 미래, 얼음 행성 니플하임의 식민지 개척을 위해 우주로 떠난 승무원 중 한 사람인 미키 반스의 이야기를 담고 있다. 미키는 니플하임에서 다른 승무원들이 감당하기에는 너무 위험한 임무에 투입되는 소모품으로 취급되는 인간, '익스펜더블'이다. 그가 원주민의 손에 죽거나, 예기치 못한 비극적이고 고통스러운 사고를 당하거나, 행성의 대기가 유독해지는 경우 그를 대체할 또 다른 미키가 생산된다.

죽음으로 정의되는 삶. 그것이 바로 미키의 삶이다. 하지만 어느 날, 모든 것이 바뀐다. 어느 임무 중 돌발 상황이 발생해 그가 죽은 것으로 간주된 사이 그를 대체할 미키8이 생산된 것이다. 두 미키 모두에게 충분한 삶이 주어질까, 아니면 죽음이 기다리고 있을까?

에드워드 애슈턴은 이렇게 말한다. "만약 우리가 새로운 몸을 프린트할 수 있다면, 가령 우리의 정신, 희망, 꿈, 딸기 아이스크림에 대한 애정과 일렉트로닉 댄스 음악에 대한 증오, 그 모든 것들을 그 새로운 몸에 그대로 옮겨 심을 수 있다면 그는 우리 자신일까요, 아니면 그저 더러운 손으로 우리 물건을 헤집고 다니는 타인일까요? 바로 미키 반스의 삶을 관통하는 질문입니다."

이 소설은 출간되자마자 좋은 반응을 얻으며 앤디 위어의 『마션』, 블레이크 크라우치의 『다크 매터』, 어니스트 클라인의 『레디 플레이어 원』 등 최근 SF 장르의 주류라 할 수 있는 대중적인 하이콘셉트 SF의 명성을 이어나갔다. 영화 제작사 워너브라더스는 이 작품이 출간되기 전 판권을 선점했다. 플랜B는 봉준호 감독과 〈옥자〉를 함께 작업한 인연이 있는 제작사다. 최두호 프로듀서는 작품의 조각들이 하나하나 자연스럽게 맞춰지기 시작했다고 전한다.

"플랜B는 워너브라더스와 계약을 맺었고, 그들은 봉준호 감독이 작업을 맡아주길 원했어요. 봉 감독 역시 망설이지 않고 제안을 받아들였습니다. 그는 어시스턴트에게 시놉시스를 번역해 달라고 부탁했던 모양이더군요. 그리고 시놉시스가 마음에 들어서 원고 전체를 번역해 읽었다고 합니다. 원고도 번역되기 전에 그가 이 작품을 제작하고 싶어 한 덕분에 우리는 바로 준비에 들어갈 수 있었죠."

18쪽: 미키가 깨어나는 순간을 그린 영화의 오프닝 장면. 알렉스 클라크의 스토리보드. 클라크는 이 영화를 위해 처음 그린 스토리보드가 바로 이 첫 장면이라고 밝혔다. "봉준호 감독은 효과와 CGI가 많이 사용되는 장면을 미리 준비하는 것이 좋겠다고 생각했고, 그래서 얼음 장면을 가장 먼저 촬영했습니다. 덕분에 다른 스태프는 이 장면을 작업할 시간을 더 확보할 수 있었죠. 또한 봉 감독은 처음 몇 장면에서 움직임이 명확히 전달되길 원했어요. 그래야 나머지 팀원들이 세트를 제작하는 과정이 최대한 간단해질 수 있다고 생각했거든요."

19쪽 왼쪽: 우주 탐험 임무인 동시에 선전 활동이기도 한 니플하임 임무를 위해 그래픽과 패치가 제작되었다.

19쪽 오른쪽: 제작 디자인팀에서 준비한 도면. 봉 감독의 주석이 포함되어 있으며, 이후 만찬 장면의 동선과 카메라 위치가 표시되어 있다.

봉준호 감독은 에드워드 애슈턴과 화상 회의로 논의를 거친 후 작업에 착수했다.

"원작 소설은 2020년 겨울이 끝나갈 무렵 읽었습니다. 시간이 좀 걸렸어요." 봉준호 감독은 회상한다. "한 챕터를 읽는 데 거의 두 달 반 정도가 걸렸고, 2021년에는 실제로 각색과 각본 작업을 시작했습니다. 자료를 조사하고 스토리 구조를 어떻게 짤 것인가를 고민했죠."

봉 감독은 자신이 제작한 모든 영화의 각본을 직접 쓰거나 공동으로 집필했다. 각 영화에는 그의 흔적이 깊게 새겨져 있는데, 스토리가 전개되는 동안 놀라울 정도로 분명하게 드러나는 독특한 톤의 전환이 바로 그것이다. 그는 2020년 아카데미 시상식에서 한국 영화감독 최초로 최우수 각본상을 수상함으로써 자신의 필모그래피 전반에 걸쳐 구축해 온 독창적인 목소리를 증명해냈다. 그의 작품은 각기 다른 소재를 다루지만, 그 안에는 분명 '봉준호다움'이 담겨있다. 그리고 그 모든 것은 각본에서부터 시작된다.

"원작과 영화가 매우 다른 것 같습니다.
원작을 읽을 때 예상했던 그림이 있었는데,
봉준호 감독의 각색을 읽어보니…
정말 대담하고 독특하게 해석했더라고요.
정말 놀라웠습니다.
완전히 다른 작품 같았어요."

_로버트 패틴슨

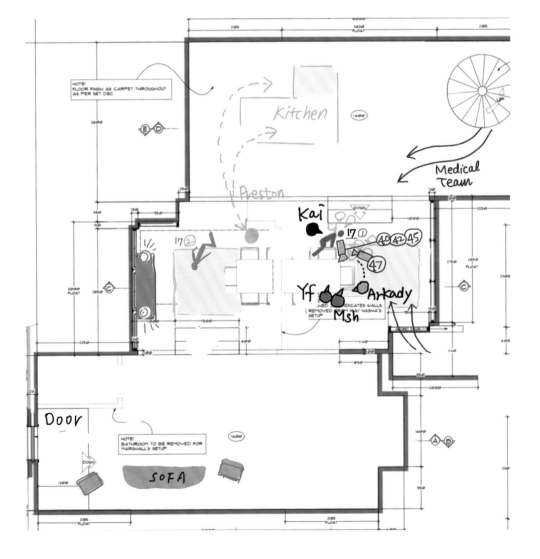

〈설국열차〉는 프랑스의 고전 그래픽 노블을 각색한 SF 영화다. 〈옥자〉 역시 특정 장르로 분류하기는 어렵지만 SF 요소가 포함되어 있었다고 할 수 있다. 〈괴물〉도 마찬가지다. 〈기생충〉에서 현실과 밀착된 고민을 다룬 봉준호 감독은 이후 다시 SF를 제작할 마음이 없었다. 소설 『미키7』을 시나리오로 각색하면서 그는 단순히 스크린에 걸릴 영상이 아니라 자신이 납득할 수 있는 작품을 만들어야 했다. 이를 위해 그는 이야기의 중심에 있는 캐릭터에 집중했다.

"〈설국열차〉에서 봉 감독은 모든 캐릭터를 새로 만들었습니다." 최두호 프로듀서는 전한다. "영화에 등장하는 캐릭터 중 원작 그래픽 노블에 등장하는 캐릭터는 하나도 없어요. 반면 〈미키17〉에서 그는 책의 콘셉트, 캐릭터, 크리퍼 같은 주요 요소들을 가져와 봉준호 영화로 변모시켰습니다. 소설에서 출발했지만 각본 작업을 거치며 또 다른 창작물이 된 것이지요."

봉준호 감독은 그 누구보다 독특한 방식으로 세상을 바라본다. 원작 스토리는 그러한 '봉 필터'를 거친 셈이다. 스토리를 어떻게 바꿨는지에 관한 봉 감독의 설명에 따르면 대부분 톤과 인물의 개성에 변화가 있었으며, 몇 가지 중요한 추가 요소들도 있었다. "영화에서 토니 콜렛이 맡은 캐릭터인 일파를 예로 들 수 있겠군요. 이 인물은 원작에서 찾아볼 수 없어요. 케네스 마샬은 소설에도 존재하는 캐릭터이지만 영화에서는 완전히 다르게 묘사되는 탓에 이름을 새로 지었어요. 스티븐 연이 맡은 캐릭터인 티모도 원작과는 상당히 다릅니다. 원작 소설은 우주 탐험과 기술에 관해 이야기하는데, 나는 캐릭터에 집중하고 싶었어요. 이런 기본 요소들과 구조는 2021년 상반기에 완성됐습니다."

시대적 배경에도 중요한 변화가 있었다. 완성된 영화에 날짜가 명시되지는 않지만, 봉 감독은 관객들이 이야기 속 세계를 쉽게 이해하고 공감할 수 있어야 한다고 생각했다.

"소설의 배경은 1,000년도 더 된 미래입니다." 최 프로듀서는 설명한다. "원래 시나리오는 100년쯤 지난 미래로 설정했던 것 같아요. 소설에 비하면 아주 가까운 미래라고 할 수 있죠. 하지만 제작 과정 내내 우리는 영화의 배경을 지금과 더 가까운 시점으로 끌어오려고 계속 노력했습니다. 봉 감독은 지금과 크게 다르지 않은 세상에서 이야기가 벌어져야 더 흥미롭다고 생각한 모양입니다. 확실히 내일 당장 벌어질 수 있는 일이라는 느낌이 드니까요. 그런 점에서 이 작품은 〈설국열차〉와도 비슷하다고 생각합니다."

〈미키17〉의 배경은 편집 과정이 한참 진행된 이후에야 2054년으로 설정되었고, 덕분에 훨씬 예측 가능한 미래의 이야기가 되었다.

20~21쪽: 포스터 속 마샬이 친근하고 따뜻한 모습으로 식민지화 임무에 지원하도록 권유하고 있다. 런던 현지에서 촬영.

NIFLHEIM,

A PURE PLANET

EMBARK ON THE VOYAGE

WITH MARSHALL,

TO THE

ONE AND ONLY

LAND OF

UNSPOILED WHITE

- MARSHALL -

ONE ⬧ ONLY

"노동 계급의 이야기이면서
한편으로는 매우 엉뚱하고
철없는 남자의 이야기이기도 한
이 작품에 매료되었습니다."

_봉준호

에드워드 애슈턴은 봉 감독이 『미키7』을 각색하면서 그만의 독특한 해석을
더했다고 말한다. "봉 감독은 고유의 접근 방식을 가지고 있어요. 내가 쓴 대
사를 그대로 쓰거나 하지 않습니다. 하지만 이야기에 담긴 정신과 반항심만큼
은 원작과 궤를 같이해요. 그의 이전 작품들, 특히 〈기생충〉을 보면 블랙 유머
와 풍자가 많이 담겨있습니다. 『미키7』의 블랙 유머 역시 말 그대로 생사의 기
로에 놓인 인물이기에 할 수 있는 유머입니다. 이런 점에서 나와 봉준호 감독
은 참 잘 맞는다고 할 수 있어요. 이 영화를 연출하기에 그가 가장 완벽한 감
독이라고 확신하는 이유이기도 하죠."

"미키라는 인물에 완전히 집중했습니다." 봉 감독은 대본 집필 과정을 설명
한다. "두 명의 미키와 그들의 죽음에 초점을 맞췄습니다. 기본적으로 작품 안
에서 그는 반복해서 죽어요. 그의 직업이 죽음이니까. 아주 기이한 상황이죠.
죽는 것이 직업일 때, 죽음의 의미는 무엇인가를 핵심 요소로 놓고 거기서부
터 점점 스토리를 쌓아갔습니다. 누가 미키의 죽음을 원하고 누가 미키의 죽
음을 이용하는가? 그의 죽음을 경멸하는 이는 누구이며, 동시에 그의 죽음을
이용할 수 있는 사람은 누구인가? 이런 맥락에서 이 영화의 여러 가지 정치적
요소를 발전시킬 수 있었습니다. 그리고 기본적으로 나는 재미있는 작품을 만
들고 싶었습니다. 엉뚱하면서 바보스럽기도 한 그런 작품."

〈미키17〉의 초안은 코로나19 팬데믹 기간에 처음 탄생했다. 봉준호 감독은
한국에서 시나리오 초안을 작성했고, 번역가에게 넘겨 영어로 옮겼다. 최두
호 프로듀서는 봉 감독이 심사위원장을 맡은 78회 베니스 영화제에서 만났다.

봉 감독은 카페에서 글을 쓴다고 알려져 있다. 코로나19 때문에 시간적 제
약이 있기는 했지만 다행히 그는 서울 시내 카페를 다니며 글을 쓰는 데 집
중할 수 있었다.

"서울의 한 카페 구석에서 노트북을 끼고 앉아 집중적으로 시나리오를 쓴
것은 2021년 4월부터였어요. 초고를 쓰는 데만 거의 넉 달이 걸렸습니다. 베
니스 비엔날레에 가기 하루 전에 대본을 제작자에게 보낸 덕에 첫 번째 초고
를 완성한 날을 정확하게 기억하거든요. 플랜B와 워너브라더스가 마음에 들
어 해서 정말 기뻤어요."

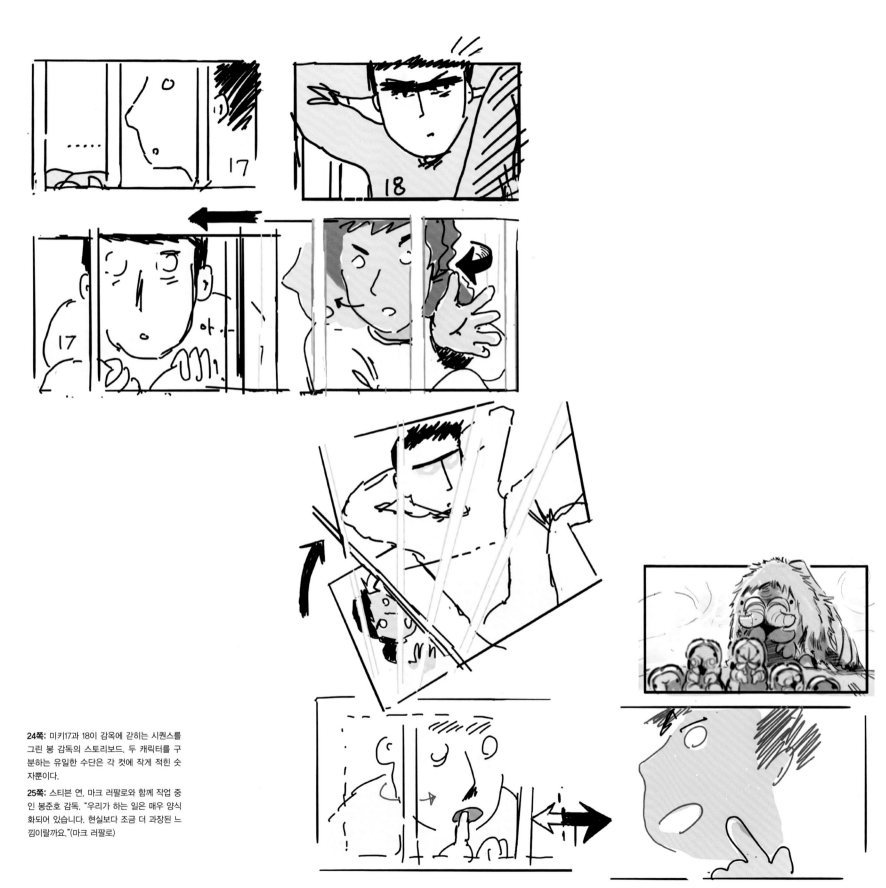

24쪽: 미키17과 18이 감옥에 갇히는 시퀀스를 그린 봉 감독의 스토리보드. 두 캐릭터를 구분하는 유일한 수단은 각 컷에 작게 적힌 숫자뿐이다.

25쪽: 스티븐 연, 마크 러팔로와 함께 작업 중인 봉준호 감독. "우리가 하는 일은 매우 양식화되어 있습니다. 현실보다 조금 더 과장된 느낌이랄까요."(마크 러팔로)

청신호

할리우드에서는 스튜디오가 영화를 기획한 뒤 대본이 작성되고, 배우와 감독이 섭외되고, 공식적으로 발표까지 되고도 아무런 일이 일어나지 않는 경우가 허다하다. 몇 주, 몇 달, 심지어 몇 년 동안 아무런 진전이 없을 수도 있다. 어떤 영화는 '잠정적 보류' 상태에 들어가기도 하고, 어느 영화는 그냥 잊히기도 한다. 모든 준비를 마친 것처럼 보여도 영화가 반드시 제작되리라고 단언할 수 없다는 뜻이다. 실제로 영화를 크랭크인 하기까지는 긴 시간이 소요되고, 영화관에 영화가 걸리기까지는 머나먼 여정이 기다리고 있다.

영화계는 〈기생충〉의 뒤를 이을 봉준호 감독의 차기작을 숨죽이며 기다리고 있었다. 2018년에 촬영을 마친 〈기생충〉 이후 3년이라는, 세상을 바꿀 수도 있을 만큼 긴 시간이 흘렀다. 봉 감독은 하루빨리 새 작품을 시작하고 싶었다. 그 자신뿐만 아니라 워너브라더스, 플랜B 그리고 최고의 배우들과 제작진 모두 봉준호 감독이 새 작품을 시작하기만을 오매불망 기다렸다.

할리우드 배우들이 주연으로 출연했고 주 언어도 영어였지만, 〈설국열차〉는 한국에서 제작한 영화였다. 마찬가지로 〈옥자〉는 넷플릭스에서 제작을 맡았지만, 봉 감독이 한국에서 제작한 영화들과 여러 공통점을 지닌다. 반면 〈미키17〉은 봉준호 감독이 할리우드의 대형 스튜디오와 함께 작업하는 첫 번째 작품이며, 그의 할리우드 스튜디오 데뷔작이 될 예정이었다.

〈미키17〉은 봉 감독이 세계적인 배급사를 통해 전 세계 극장 개봉을 목표로 대형 영화 제작사의 지원을 받아 제작한 첫 영화다.

"봉준호 감독은 LA로 날아와 배우들을 만났습니다." 최 프로듀서는 회상한

다. "로버트 패틴슨은 역할에 딱 맞는 배우였습니다. 그는 2014년 초부터 우리의 레이더망에 포착되어 있었어요. 여러 가지 인정해 줄 점들을 갖췄다고 해도, 봉 감독은 배우들과 일반적인 미팅은 하지 않습니다. 구체적으로 생각해 둔 역할이 있을 때만 배우를 만납니다. 이 작품을 제작하게 되면서 마침 로버트 패틴슨이라는 이름이 거론되었고, 미팅 일정을 잡았죠."

패틴슨은 클레르 드니, 제임스 그레이, 데이비드 크로넌버그, 새프디 형제 그리고 로버트 에거스 등 영화계에서 가장 독창적인 색깔을 지닌 감독들과 함께 작업해 왔다. 몇 년 전에는 워너브라더스에서 만든 크리스토퍼 놀런 감독의 〈테넷〉에도 출연한 바 있다. 그는 봉 감독과의 미팅을 마다할 이유가 없었다.

"로버트 패틴슨은 내가 가장 먼저 떠올린 배우였습니다." 봉준호 감독은 말한다. "그가 대본을 마음에 들어 했고, 모든 일이 순조롭게 진행되었던 것 같습니다."

패틴슨은 이 역할을 맡게 되어 매우 기뻐했다. "봉준호 감독의 영화를 좋아해요. 그의 영화를 좋아하지 않는 사람이 어딨겠어요." 그는 전한다. "프로젝트가 너무 극비리에 진행된 탓에 미팅을 하면서도 무슨 목적으로 만나는 건지 전혀 알 수 없었죠. 봉 감독은 함께 점심을 먹으면서도 프로젝트에 관해서는 입도 뻥긋하지 않더라고요. 문득, '일종의 테스트 같은 건가? 정말 프로젝트와 관련된 미팅이기는 한 거야?' 하는 생각이 들더라고요. 그러다 마지막에 봉 감독이 '아주 흥미로운 영화가 있는데 대본을 읽어볼 생각이 있나요…'라고 했어요."

〈배트맨〉이 막 개봉했을 무렵, 스튜디오의 주요 스타 중 하나였던 로버트 패틴슨은 워너브라더스의 전폭적인 지지를 받았다고 최 프로듀서는 말한다. "롭까지 캐스팅하고 나니 정말 짜릿했어요. 봉준호 감독과 로버트 패틴슨이 함께 영화를 찍게 되다니요. 봉 감독이 섭외하고 싶어 했던 배우들이 모두 영화에 관심을 보였고, 덕분에 정말 경이로운 출연진을 완성할 수 있었습니다."

봉준호 감독의 〈기생충〉 이후 첫 프로젝트에 세계 최고의 스타가 합류하면서 실제 영화 촬영이 어디에서 이루어질지에 관심이 쏠렸다. 실무적인 이유들도 영향을 미치기는 했지만, 봉 감독과 최 프로듀서의 오랜 야망을 충족할 수 있는 장소가 최종적으로 선택되었다.

"제작 초기 단계에 워너브라더스 측을 만났습니다." 최 프로듀서는 회상한다. "워너브라더스 런던에 훌륭한 촬영 스튜디오가 있다고 했는데, 정말 반가운 이야기였어요. 촬영할 수 있는 공간이 충분하지 않았거든요. 너무나 많은 콘텐츠가 제작되고 있고, 특히 스트리밍 플랫폼에선 끝없이 작품들이 쏟아지고 있죠. 촬영 스튜디오를 확보했다는 사실에 굉장히 안도감이 들더군요. 물론 실제 장소에서 촬영되는 장면도 있었지만 세트가 많이 필요했어요.

봉 감독과 나는 런던에서 영화를 찍자고 늘 이야기하곤 했던 터라 기뻤어요. 이전에도 영국 출신 배우들을 캐스팅해 큰 성공을 거둔 적이 있습니다. 런던이 매력적인 또 다른 이유는 연극이나 드라마 학교에서 연기를 시작한 뛰어난 배우들이 많다는 점이에요. 런던에는 정말 훌륭한 인프라가 갖춰져 있어서 단역이더라도 훌륭한 배우를 캐스팅할 가능성이 높다고 생각했어요."

소설 『미키7』이 영화화된다는 소식이 할리우드에 퍼지고 난 뒤 실제로 촬영에 들어가기까지 모든 과정이 일사천리로 진행되었다. 2022년 1월에 주요 출연진이 발표되었고, 2022년 5월에 프리프로덕션(pre-production. 대본 완성 이후 본격적인 촬영을 준비하는 일—옮긴이)이 예정되었다.

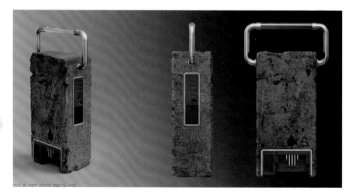

프리프로덕션
PRE-PRODUCTION

2

제작진 구성

봉준호 감독은 수년 동안 다양한 프로젝트에서 함께 작업한 인물들로 막강한 협업 팀을 구축해 왔다. 김형구 촬영감독은 〈살인의 추억〉과 〈괴물〉에서 함께 작업했고, 송강호 배우는 〈살인의 추억〉, 〈괴물〉, 〈설국열차〉, 〈기생충〉의 주연 배우였다. 틸다 스윈턴 배우와는 〈설국열차〉, 〈옥자〉를 통해 친분을 쌓았다. 〈미키17〉 제작팀에는 이렇게 친숙한 얼굴들에 더해 새로운 인물들도 합류했다.

오스카상 후보에 오르기도 한 다리우스 콘지는 봉 감독의 전작이자 영어로 제작된 영화 〈옥자〉의 촬영감독으로, 〈미키17〉 제작에도 참여하게 되었다. 의상 디자이너 캐서린 조지는 〈설국열차〉, 〈옥자〉 등 봉 감독의 작품에 세 번이나 참여한 베테랑이다.

"〈설국열차〉와 〈옥자〉 작업이 끝나고도 봉 감독과 계속 연락을 주고받았어요." 캐서린 조지의 말이다. "봉 감독이 무언가를 준비하고 있다는 사실을 알았어요. 그 팀의 계획이 구체화될수록 꼭 함께하고 싶다는 마음이 들더군요. 나에게는 그들과의 작업이 가장 우선순위였기에 최대한 연락을 자주 하려고 노력했어요. 2021년에는 그들의 계획이 곧 실행될 것 같은 느낌이 들더라고요. 당시 다른 영화를 작업 중이었는데 마침 촬영이 거의 끝나가고 있었어요. 푸에르토리코에서 3주 동안 촬영을 하고 집에 돌아오려던 참인데, 크리스마스를 며칠 앞두고 코로나19에 걸려 옴짝달싹할 수 없게 된 거예요. 푸에르토리코에 갇혀버렸어요. 우리 딸은 너무 나쁘게 생각하지 말라고 나를 위로했지만, 촬영이 끝나고 집에 가고 싶은 마음은 다들 이해되지 않나요. 어쨌든 그 즈음 시나리오를 받았어요. 아마 코로나에 걸리기 직전이었던 것 같네요. 그들이 대본을 보내줬고, 푸에르토리코의 호텔 방에서 집중하며 대본을 읽었는데 너무 재미있었어요. 2021년 12월이었네요."

양진모 편집감독은 지금까지 봉 감독의 영화 세 편에 참여했으며, 〈미키17〉에서는 매일 촬영장에 나가 촬영본이 나오는 즉시 편집하는 작업을 담당했다. 〈옥자〉와 〈기생충〉의 음악으로 호평을 받은 정재일 작곡가는 새로운 작품에서도 음악 작업을 맡았다.

완전히 새로운 세계에서 서사가 펼쳐지는 작품을 제작하기 위해서는 인간 복제, 우주여행에 관한 이야기를 생생하게 구현할 수 있는 프로덕션 디자이너가 필요했다. 때마침 프로덕션 디자이너 피오나 크롬비는 봉준호 감독을 만나볼 생각이 있냐는 질문을 받았다.

"전에 함께 일한 적이 있었던 프로듀서 제러미 클라이너와 데드 가드너로부터 전화를 받았어요. 내 구미를 당길 만한 프로젝트가 하나 있다고 하더군요. 내가 〈옥자〉의 열렬한 팬이었다는 사실을 기억하고 있었던 모양이에요. 딱 적당한 시기에 그 영화를 봤던 게 틀림없어요. 제러미, 데드와 처음 작업하면서 내내 〈옥자〉 이야기를 했던 게 기억나네요. 그래서 나한테 연락했는지는 모르겠지만, 어쨌든 그들은 나에게 관심이 있는지 물었고 나는 당연히 그렇다고 답했죠. 대본을 받고 이미지를 구상해 봤습니다. 봉 감독에게 내가 영화를 어떻게 이해했는지, 영화를 어떤 모습으로 보이게 할지 내 의견을 들려줘야 할 것 같

30쪽: "이 배역은 때 백지 상태에서 접근해야 한다고 생각했습니다."(로버트 패틴슨)
31쪽: 인체 복제 기술을 발명한 매니코바의 이야기를 다룬 어린이 TV 프로그램용 적혈구와 백혈구의 의상 스케치. 적혈구와 백혈구는 매니코바의 이야기에서 중요한 역할을 한다.

았어요. 하지만 막상 봉 감독과 처음 통화를 할 때는 그런 얘기는 전혀 하지 않았어요. 그는 내가 좋아하는 영화와 내가 좋아했거나 관심을 가졌던 다른 SF 작품에 관해 묻더군요. 삶과 관련된 일상적인 이야기도 나눴죠. 나는 대화 말미에 내가 준비한 게 있는데 한 번 보겠냐고 물었어요. 그는 그러겠다고 했어요. 나는 준비한 이미지에 주석을 달아 그에게 따로 보냈고, 두 번째 인터뷰, 그러니까 두 번째 미팅 때 우리는 내가 보낸 이미지들을 구체적으로 살펴봤습니다. 사실상 그때부터 시작이었죠. 그 이미지들은 영화의 미적 토대가 됐습니다. 생략된 것도 많고 엄청나게 많은 것들이 추가되었지만, 일종의 시작점으로서 우리의 관심을 하나로 모으는 역할을 했다고 생각해요. 나에게는 좋은 출발이었죠."

VFX 감독 댄 글래스는 〈트리 오브 라이프〉, 〈클라우드 아틀라스〉, 〈매트릭스: 리저렉션〉 등의 영화에 참여한 베테랑이다. 그와 봉 감독은 오랫동안 함

"거의 비슷하다고 봅니다." 최 프로듀서는 전한다. "신생 스튜디오가 아닌 경험이 많은 스튜디오와 작업하면서 차이를 느낄 수 있었어요. 부서마다 업무 방식이 자리 잡혀있고 매우 효율적으로 움직입니다. 〈플래시〉나 〈배트맨〉 제작에 참여한 경험 많은 스태프들이 포진해 있었고, 그 영화들에 비하면 우리 영화는 작은 영화였습니다. 엑스트라가 300명 필요하다고 해도 눈 하나 깜짝하지 않을 사람들입니다. 우리는 보통 '엑스트라가 300명이나 필요하다고?' 놀랄 텐데요. 그만큼 부담감도 더 커지긴 했지만, 봉준호 감독이 작업하는 방식은 달라지지 않았어요.

봉 감독은 우리 스태프가 각자 맡은 일을 너무 잘 알아서 본인이 없어지더라도 영화가 계속 만들어질 수 있을 거라고 농담하곤 했어요. 그런 농담을 통해 우리가 함께 일하는 모든 부서의 모든 사람들이 최고의 실력을 가졌다는 말을 하고 싶었던 것 같아요. 정말 대단한 사람들이잖아요. 그런 의미에서 이 정도 실력과 예술성을 갖춘 사람들과 함께 일할 수 있다는 건 정말 꿈만 같은 일입니다."

께 프로젝트를 하고 싶다는 이야기를 나눠왔고, 마침내 〈미키17〉에서 그 소망이 이루어졌다. 글래스는 정말 신이 났다고 이야기한다. "운 좋게도 타이밍이 맞았습니다. 봉 감독이 하는 작품이라면 어떤 것이든 관심이 있지만, SF와 크리처 작업이 포함된 이번 작품은 특히 매력적일 수밖에 없었죠. 또한 저는 봉 감독의 작업 방식을 매우 존중합니다. 그는 오랜 시간 동안 글을 쓰고 아이디어를 발전시키면서 자신이 하고 싶은 게 무엇인지 명확히 정리하죠. 더 많은 감독들이 이런 방식으로 작업했으면 좋겠네요! 감독 자신이 원하는 게 무엇인지를 깊이 고민해 두면 제작 과정 전반에 큰 도움이 됩니다. 물론 작업 중에 새로운 아이디어가 나올 여지는 있지만, 몇 번이고 재고를 거친 명확한 방향이 있으니 좋더군요."

봉준호 감독이 〈기생충〉 이전에 제작한 영화는 〈옥자〉였다. 〈옥자〉는 두 대륙에서 촬영된 중간규모의 작품으로 세 개의 VFX 회사가 참여했으며 세계적인 배우들이 출연했다. 이 영화는 당시 작가주의 감독들이 모험적인 작품을 만들 수 있는 플랫폼으로 자리매김하고 있던 넷플릭스에서 자체 제작한 작품이었다. 〈미키17〉은 〈옥자〉보다 훨씬 화려한 영화이며 규모와 예산 면에서도 〈기생충〉을 훨씬 웃돈다. 하지만 창작 과정만큼은 전작들과 크게 다르지 않았다.

새로운 세상의
시각적 구현

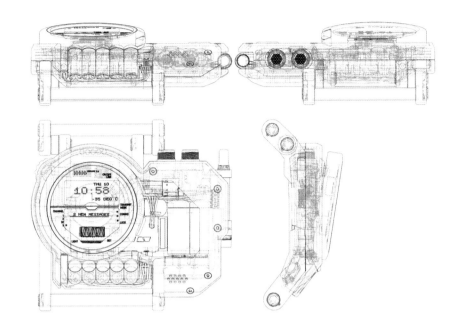

34쪽: 카딩턴에 지어진 협곡 세트에서 티모가 고립된 미키를 향해 소리치고 있다. 돌출된 가장자리 위로 스티븐 연이 살짝 보인다.

35쪽 왼쪽 아래: 인체 복제 기술 발명가를 체포하는 SWAT팀의 유니폼 패치와 니플하임 임무를 후원하는 종교 단체의 상징.

35쪽 왼쪽 위: 손목 통신기의 청사진. 중앙의 원형 디스플레이는 분리 가능하도록 설계되었다.

35쪽 오른쪽 아래: 의상팀에서 제작한 승무원 의상 디자인. 봉 감독은 제작 디자인과 의상 디자인 전체에서 회색을 주요 색상으로 사용하고자 했다. 덕분에 첨단 기술과는 거리가 있는 우주선 속 세계가 잘 표현되었다.

에드워드 애슈턴의 소설을 읽은 사람이라면 누구나 자신만의 방식으로 머릿속에 이야기를 그려낼 것이다. 하지만 봉준호 감독은 원작 소설을 각본으로 각색하는 과정에서 자신이 구상한 스토리를 정의하고, 이를 관객에게 가장 잘 전달할 방법을 찾아야 했다.

"시나리오를 완성한 직후 콘셉트 아티스트 두세 명을 선정하고 내가 그리고자 하는 기본 이미지에 대해 논의했습니다." 봉 감독은 회상한다. "그들과 함께, 이 영화의 시각적 스타일을 정립하고 어떤 시각적 요소를 보여줄 것인지를 결정하는 데 중요한 역할을 한 매우 사실적인 콘셉트 아트를 예닐곱 개 정도 만들었어요. 프리프로덕션이 시작된 2022년 4월에서 5월경, 스토리보드 작업을 공식적으로 시작했습니다."

봉 감독의 영화는 단 몇 초의 영상만으로도 그의 작품임을 알아볼 수 있다. 그의 영화는 그만의 독특한 속도감, 비주얼, 분위기를 가지고 있다. 그리고 그의 영화적 언어는 언어의 장벽을 뛰어넘어 전 세계 관객에게 사랑받고 있다. 그의 독특한 영화 제작 방식은 〈미키17〉에서도 잘 드러난다.

"다른 행성을 배경으로 한 우주 모험극에 엉뚱하고 우스꽝스러운 톤을 입혀 매우 SF적이면서도 기묘한 조합을 만들고 싶었습니다." 봉 감독은 말한다. "내가 다루고 싶었던 서브 테마는 인류는 다른 행성에서도, 아무리 첨단 기술을 발전시킨다고 해도 여전히 어리석고 바보 같다는 것이었습니다. 이런 관점을 잘 살리면 매우 재미있고 흥미로운 영화를 만들 수 있지 않을까 생각했어요. 이런 유머러스함이 〈듄〉 같은 SF 작품과 이 영화의 차이이기도 합니다. 〈듄〉은 매우 아름다운 영화고, 저도 좋아하는 작품입니다. 하지만 우리 영화는 그런 서사적이고 스펙터클한 SF와는 매우 다릅니다. 좀 더 휴머니즘적이고 인간적인 디테일에 집중하는 작품이랄까요."

봉준호 감독은 〈미키17〉의 기본 세계관을 구성하기 위해 콘셉트 아티스트, 촬영감독, 스토리보드 아티스트, 의상 디자이너, 프로덕션 디자인팀의 도움을 받았다. 봉 감독이 미술팀에 전달한 주요 지시 사항 중 하나는 각 요소의 기본 색상을 회색으로 맞춰달라는 것이었다고 크롬비는 회상한다.

"봉 감독은 회색과 회색의 여러 가지 톤에 매우 신경을 썼어요." 크롬비는 말한다. "튀는 컬러를 사용하기도 했지만 빨간색만큼은 아주 조심스럽게 사용했죠. 영화에서 빨간색은 매우 제한적이고 의도적으로 사용됐어요. 그래서 안전색으로 사용할 수 있는 대체 색상을 찾아야만 했는데, 그게 바로 노란색이었죠.

봉 감독이 색상 회의를 열고 싶어 한다는 이메일을 받았어요. 그래서 모든 컬러 샘플을 가지고 캐서린 조지의 작업실에 갔고, 그녀도 그녀의 샘플을 가지고 있었어요. 다리우스, 봉 감독과 함께 모든 컬러를 조합해 봤습니다. 그리고 매우 신중하게 조율했죠. 모든 것이 회색인 우주에서 회색이 아닌 색상이 등장하면 매우 의미가 있게 되니까요."

2020년, 〈기생충〉은 봉준호 감독의 손길을 다시 한번 거쳐 흑백 버전으로 극장과 블루레이로 재개봉했다. 그는 흑백 버전을 통해 관객들이 영화를 다른 방식으로 경험할 기회를 제공하는 한편, 단조로운 색조가 관객의 스토리 몰입도를 어떻게 변화시키는지 확인할 수 있었다. 이러한 통찰을 계속 염두에 두고 있던 그는 다리우스 콘지와 논의했다.

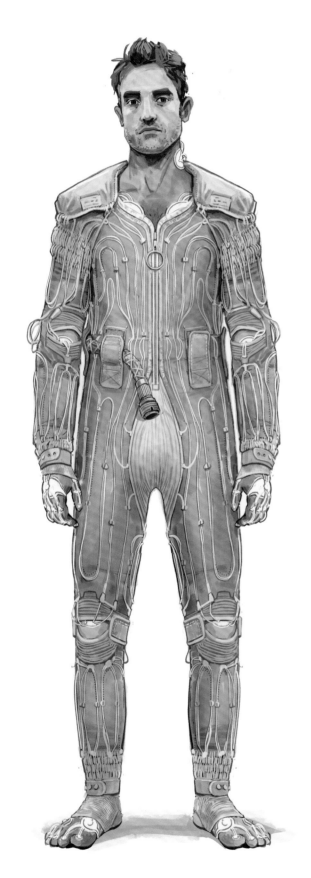

"시나리오를 쓰는 동안
영화에 등장하는 차량과 플리터,
사이클러실을 간단하게 그려봤습니다."
_봉준호

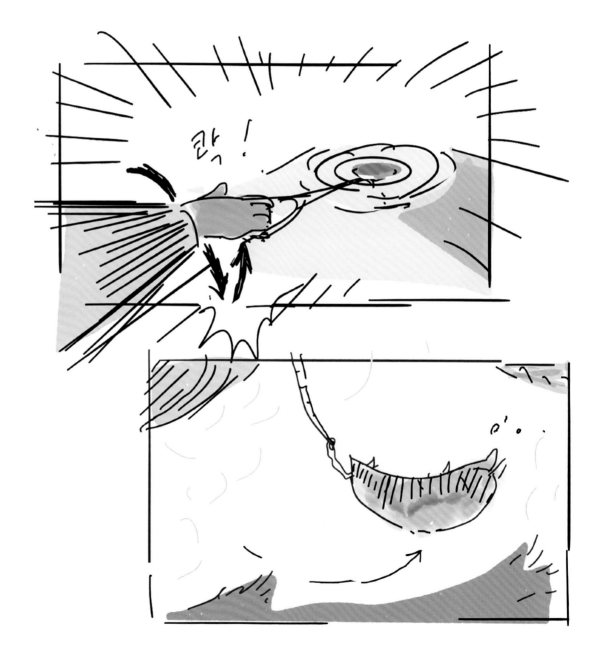

"봉준호 감독과 함께 일하는 것은 놀라운 경험입니다. 그는 매우 명확한 비전을 가진 사람이에요." 다리우스 콘지는 말한다. "봉 감독은 자신이 무엇을 원하는지 확실하게 알고 있습니다. 그는 매우 유연해서 프로덕션 디자이너, 의상 디자이너, 특수효과팀 그리고 저와도 매끄럽게 소통합니다. 스토리보드에 모든 걸 담아 준비하고 추진력도 정말 엄청나요. 그 덕에 우리가 어떤 방향으로 가고 있는지를 분명히 알 수 있었어요. 그가 마음속으로 그린 그림은 거의 흑백 영화에 가까웠는데 나는 그에게 색상을 사용하는 게 어떻겠냐고 묻곤 했습니다.

원래 그는 영화를 거의 흑백으로 만들고 싶어 했지만 그렇게까지 하지는 않았어요. 우리는 파란색과 청록색, 차분한 계열의 색상과 어두운 색을 많이 사용했습니다. 그리고 이렇게 파란색과 초록색으로 이루어진 차분한 톤의 커다란 캔버스 한가운데 눈에 띄는 붉은색과 금갈색, 쨍한 초록색이 등장합니다. 하지만 각각의 색들은 확실하게 구분되어 있고 특정 캐릭터를 위해 사용되었어요. 나머지는 모두 회색으로 표현했습니다. 아주 흥미로운 접근 방식이었어요. 봉준호 감독은 색채로 사물을 보는 매우 확고한 방식을 가지고 있었고, 우리는 모두 봉 감독의 지시에 따랐죠."

〈미키17〉은 일반적인 SF 영화와도 닮아있지 않다. 장르 블록버스터에서 기대할 수 있는 전형적인 미학적 모티브를 따르지도 않는다. SF 영화가 아니라 봉준호 영화처럼 보인다. 톤과 장르를 유연하게 넘나드는 것으로 유명한 봉 감독은 다른 프로젝트에서와 같은 방식으로 이 영화를 제작했다. 이 영화는 자체적인 규칙에 따라 진행된다.

"봉 감독은 당연히 이 영화가 SF 소설에 기반한 이야기라고 했습니다." 다리우스 콘지는 말한다. "〈미키17〉은 SF의 범주에 속해요. 나는 유명한 감독이나 예술계 거장들과 함께 여러 프로젝트를 작업해 왔는데, 이 작품을 '이건 SF 영화야', '이건 시대극이야', '이건 어떤 장르야'라며 규정짓고 싶지 않았어요. 어떤 면에서는 우리가 현실적인 이야기를 다루고 있다고 볼 수도 있거든요. 봉준호 감독도 나와 생각이 같았습니다. 우리는 전형적인 SF 영화를 만들고 싶지 않았습니다. 나한텐 이 작품은 SF 영화가 아니었어요. 솔직히 진정한 SF란 무엇일까요? 나에게 SF의 기준은 특정 책, 특정 작가, 특정 영화입니다. 그래서 늘 〈2001 스페이스 오디세이〉와 그 변주된 영화들 또는 B급 영화들로 돌아가곤 합니다. 나는 이번 작품이 오히려 스릴러에 가깝다고 생각해요. 다른 행성에 간 사람들의 이야기를 다루는 전형적인 공상과학물보다 좀 더 우리와 밀접하게 관련된 이야기를 하고 있잖아요. 등장인물들이 다른 행성에 가기는 하지만, 그 행성을 우리의 상상과 너무 동떨어진 장소로 묘사하고 싶지 않았습니다."

36쪽 왼쪽: "앤드루 카트라이트가 로버트의 모든 의상을 제작했습니다. 아주 작은 디테일까지 전부 직접 관리하고 조절하는 모습이 정말 놀라웠어요. 내가 가장 좋아하는 의상 중 하나인 스캔 슈트도 그가 만들었죠."(의상 디자이너 캐서린 조지)

36쪽 오른쪽: 우주선의 사이클러실에서 베이비 크리퍼의 생명이 위태로워지는 순간을 담은 봉 감독의 스토리보드.

37쪽 위: 매니코바에 대한 진실이 밝혀진 뒤 그의 집을 급습한 SWAT팀.

지구

미키가 영화 속 하드 드라이브와
기술을 전문가답게 분석하고 평가 내린다.
"아주 고도로 발전한 첨단기술이군!"

격차는 그 어느 때보다도 크다. 봉준호 감독의 영화들은 비슷한 문제의식을 다룰 뿐 세계관을 공유하지는 않지만, 〈미키17〉의 지구를 〈설국열차〉에서의 사건이 일어나기 직전의 세계로 상상하는 것은 그리 어렵지 않다.

하지만 봉 감독의 모든 영화에서처럼 이 작품에도 관객이 공감할 수 있는 현실적인 요소가 존재한다. 제트팩(SF 영화에 자주 등장하는 장치로 착용하면 공중을 날 수 있다—옮긴이)이나 레이저 총은 등장하지 않는다. 〈미키17〉의 지구는 지금 우리가 살고 있는 지구와 비슷한 모습으로 그려진다. 이러한 시대적 상황을 효과적으로 표현하는 것은 의상 디자이너 캐서린 조지에게 맡겨진 과제였다.

"내가 맡은 임무 중 하나는 지구의 모습을 묘사하는 것이었습니다." 그녀는 회상한다. "우주인들의 모습은 매우 구체적으로 상상할 수 있습니다. 승무원들은 우주복을 입고 우주로 파견되니까요. 하지만 미래의 지구인들이 무엇을 입을지 예측하는 것은 어떻게 보면 위험한 도박이에요. 잘못된 예측을 하게 될 가능성이 크지 않을까요? 현대적이거나 미래적이거나 '우주적인' 느낌의 이미지를 보여줄 때마다 봉준호 감독은 석연치 않은 반응을 보이곤 했습니다. 프로덕션 디자인을 맡은 피오나 크롬비도 알 수 없는 시대의 모습을 어떻게 정의할지, 어떤 기술이 필요할지에 대해 같은 고민을 하고 있었던 것 같아요. 나는 과학적으로 미래를 예측한 자료들을 읽기 시작했습니다. 봉 감독은 우리가 이 문제에 너무 매달려 있다는 걸 알아차리고는 정확한 연도를 아예 언급하지 않을 작정이라고 하더군요. 그저 '미래'의 어느 시점이 될 수도, 현재에 훨씬 가까운 언젠가가 될 수도 있다고 했습니다. 그는 '지금부터 100년 뒤에는 어떤 모습일까'라는 질문에 답해야 하는 딜레마를 이미 깨달았던 거예요. 현실이 우리의 상상보다 훨씬 더 이상할 수도, 훨씬 더 우주적일 수도 있는데, 실패할 확률이 높은 걸 굳이 예측할 필요는 없잖아요."

최 프로듀서 역시 우주나 미래 세계의 미적 가치관을 창조해야 하는 어려운 과제를 해결하다 보면 진부한 표현이나 아이디어가 반복될 수 있다는 점에 동의한다. "〈스타워즈〉나 〈스타트렉〉에 영향을 받지 않고 어떻게 미래를 묘사할 수 있을까요? 봉 감독은 준비 과정에서 VFX팀이나 미술팀, 캐서린과 이야기할 때마다 그들이 너무 신경 쓰지 않도록 자제시키는 것 같은 느낌이 들었습

미키 반스는 도주 중이다.

그는 가장 친한 친구 티모와 함께 거리를 헤치며 도망치고 있다. 두 사람은 불량배들에게 빚을 졌다. 그중에서도 특히 다리우스 블랭크라는 불량배는 빚을 갚지 못하면 두 사람을 고통스럽게 죽이겠다고 협박한다.

미키와 티모는 가장 합리적인 해결책을 찾는다. 바로 도망치는 것이다. 티모의 제안에 따라 두 사람은 니플하임 행성에서 진행되는 임무에 자원한다. 다리우스 블랭크의 부하들이 다른 행성까지 그들을 쫓진 못할 테니까… 과연 그럴까?

〈미키17〉 속 지구는 환경 문제와 극단적인 기후에 시달리고 있으며 계층 간

니다. 그는 지금 우리가 사는 세상이나 심지어는 과거와도 크게 다르지 않도록 더 현대적인 장치가 필요하다고 했어요. 오늘날 우리가 1950년대나 그 이전에 만들어진 오래된 물건을 사용하는 것처럼 말이죠. 마샬은 우주선에 있는 사람들에게 이야기할 때 빈티지 마이크를 사용하는데, 그 마이크는 수년 또는 수십 년 동안 존재해 온 물건입니다. 그는 클래식한 리볼버 권총도 가지고 있어요. 모든 것이 갑자기 새로워지지는 않아요. 그래서 영화에 등장하는 소품 다수가 현재에도 존재하고, 과거에도 존재했던 물건들입니다."

"하지만 영화의 배경이 현재가 *아니라*는 것을 어떻게 나타낼 수 있을까요?" 최 프로듀서는 덧붙인다. "이를테면 영화 속 화염방사기는 어떻게 생겼을까요? 미키의 기억이 저장된 하드 드라이브는? 인간프린터는? 이런 물건들은 현실에 존재하지 않지만 우리는 하드 드라이브가 무엇인지 알고 있고, 어떻게 생겼는지도 압니다. 등장인물들은 카메라를 사용하는데, 이 카메라 역시 생김새가 특별하지 않습니다. 미묘한 차이만 있을 뿐 오늘날에도 존재할 법한 카메라예요."

〈미키17〉은 미래를 배경으로 하지만, 여전히 실제 생활에 기반한, 현실감 있는 세계. 이 영화는 실질적인 것, 즉 삶, 죽음 그리고 생존의 실용성에 관심을 두고 있다. 이는 세트 디자인, 소품, 의상에도 고스란히 반영되어 있다.

"우리는 색상 팔레트라는 특정 요소에 집중했어요." 조지는 설명한다. "영화 속 현실에서 악천후와 폭풍우가 반복된다는 사실을 알았고, 등장인물들이 실용적인 후드와 먼지덮개, 더스터 코트를 겹겹이 겹쳐 입는 게 좋겠다고 생각했죠. 봉준호 감독 역시 이러한 중성적인 룩을 매력적이라고 생각했는데, 이는 오늘날 유행하는 패션과도 닮아있어요. 남성 등장인물 몇몇은 바지와 스커트를 겹쳐 입고 부츠를 신은 다음 모래 폭풍으로부터 몸을 보호해 주는 상

의까지 덧입었습니다."

"SF 장르는 때로 너무 비현실적으로 묘사될 수 있어요." 크롬비는 말한다. "〈미키17〉에서는 환경과 등장인물이 긴밀하게 연결되어 있으며, 인물에게 영향을 미치고 있음을 표현해야 한다고 생각했어요. 이는 매우 중요한 부분이었습니다."

우주선

니플하임으로 가는 4년의 여정 동안 식민지 개척자들이 타게 될 우주선을 디자인하면서 피오나 크롬비는 우주선에 사는 사람들이 내부 공간에서 어떤 기분일지를 깊이 고민했다고 말한다. "영화에서 시각적으로 흥미를 불러일으킬 수 있는 요소가 무엇일지 고민했어요. 리서치 전문가와 함께 작업하며 많은 걸 만들었지요. 물론 실제 우주선도 살펴보긴 했지만, 처음 끌렸던 콘셉트는 '혼돈'이었습니다. 그래서 화물선과 잠수함 같은 기능적인 탈것들을 많이 살펴봤어요. 그런 공간들은 실용적이면서도 마치 다른 세계처럼 보이더군요. 하지만 그보다는 더 표현주의적이어야 했어요. 가장 큰 문제는 그런 공간들이 깔끔하지 않았다는 거였어요."

크롬비는 봉 감독과의 논의나, 관련 자료뿐만 아니라 대본 자체와 대본을 읽으며 떠오른 시각적 아이디어를 통해 첫 영감을 얻었다. "대본에서 가장 먼저 눈에 들어온 점은 공놀이를 하던 중 누군가 전선에 걸려 넘어지는 장면이었어요. 머릿속에 전구가 켜지는 것 같은 순간이었죠. '전선이 있구나.' 우주선은 깔끔한 공간이 아니고, 전선이 숨겨져 있지도 않았어요. 또 지루해하며 할 일을 찾는 사람들을 보면서도 아이디어를 떠올렸어요. '내가 공감할 수 있는 공간'이라는 생각이 들었습니다. 그리고 그 느낌을 영화로 옮겼죠."

지구를 배경으로 한 장면과 마찬가지로, 우주선 역시 공감할 수 있는 공간이어야 했다. 관객이 은하계를 여행하는 우주선의 기이함과 비현실성에 놀라

42쪽 위: 우주선 복도 밖에 서 있는 나샤(나오미 애키).

43쪽: 화물선과 컨테이너를 떠올리게 하는 우주선 외부의 프로덕션 디자인. 마샬이 자신의 승무원들을 어떻게 바라보는지를 보여준다.

기보다 화면에서 일어나는 일에 공감하고 화면 속 캐릭터에 더 친밀감을 느끼는 것이 중요했다.

게다가 우주선을 현대적인 요소로 채우자 공감하기 쉬운 공간이 된 것은 물론 봉준호 감독의 트레이드마크인 유머도 더할 수 있었다. "우리는 현실에 기반을 둔 물건이 무엇일지 고민했어요. 촬영 중인 스튜디오를 둘러보면 반복되는 일상이 펼쳐지는 공간이라는 사실을 알 수 있잖아요." 그녀는 말한다. "우리는 체계적으로 구성된 이 공간을 영화에서 어떻게 구현해야 할지 생각했어요. 안전 조명이나 표지판 같은 물건들이 눈에 띄더군요. 이런 물건들은 사람들이 하루하루를 안전하게 보낼 수 있도록 돕는 것들이니까요.

그래픽 요소가 많아서 좋았어요. 그래픽 파일들은 아주 초기에 완성했는데, 행정적인 전달 사항이 과하게 많다는 점이 마음에 들었거든요. 사망 위험을 경고하고, 보유 칼로리에 따라 섭취할 수 있는 음식과 섭취할 수 없는 음식을 안내하고, 특정 기간 동안 할 수 있거나 할 수 없는 활동을 알리고, 갈 수 있는 구역과 갈 수 없는 구역을 제한하는 모든 전달 사항들 말이에요. 등장인물들이 통제당하고 있다는 사실을 끝없이 상기시키는 느낌이 들더군요. 추락 위험이 있다든지, 이런 행동은 하지 말라든지 하는 사망 위험을 알리는 경고들이 정말 웃기다고 생각했어요. 그래서 사방에 그런 그래픽과 표지판을 붙였어요."

44~45쪽: 피오나 크롬비의 프로덕션 디자인 팀에서 제작한 소품. 니플하임의 눈 덮인 표면을 탐험하는 운송수단인 플리터를 구현했다. "굉장히 투박하고 큽니다. 디자인을 하면서 미적이거나 공기역학적인 측면은 고려하지 않았죠."(VFX 감독 댄 글래스)

인간프린터

탄생의 기적은 놀라운 일이다. 처음 세상에 태어나는 새로운 생명을 목격하는 것은 얼마나 경이로운 일인가. 하지만 미키에게 각각의 새 버전은 새로운 삶도, 처음 사는 삶도 아니다. 그저 연속되는 삶의 과정일 뿐이다. 영적인 의미에서는 환생이고, 실질적인 의미에서는 생산 라인에서 만들어진 제품인 셈이다. 'E' 버튼 하나만 누르면 새로운 미키를 만들어 낼 수 있다.

그의 모든 생각, 머릿속 기억, 신체의 모든 분자는 '벽돌'이라 불리는 휴대용 하드 드라이브에 업로드되어 있다. 이 기술을 발명한 장본인이 복제기기를 사용해 여러 버전의 자신을 프린트한 다음 자신의 도플갱어를 알리바이 삼아 잔인한 범죄를 저지르는 바람에 법적으로 한 번에 한 버전의 복제본만 존재할 수 있게 되었다. 오직 마지막 버전의 미키가 죽어야만 새 미키가 컨베이어에서 나올 수 있다. 아무리 매끄럽고 정교한 시스템이라도 마법은 아니기에, 봉감독은 인간프린터가 등장하는 장면에서 사람을 만드는 데 필요한 모든 일들이 적나라하게 드러나길 바랐다.

전 세계 관객들은 2023년 1월 공개된 45초 분량의 티저 영상에서 〈미키17〉을 처음 공식적으로 접했다. 이 영상에는 미키 역을 맡은 패틴슨이 인간프린터 안에서 깨어나는 모습이 담겨있다. 티저에도 등장할 만큼 영화에서 인간프린터는 반드시 제대로 구현되어야 했다.

"처음으로 만든 주요 세트였어요." 크롬비는 말한다. "스튜디오에서 만든 첫 번째 세트가 바로 인간프린터실이었어요… [디자인을 위해] 처음에는 MRI를 비롯한 인체를 스캔할 수 있는 장치들을 살펴봤죠. 신체를 조립하는 장치라는 점을 염두에 두고 방직기 같은 기계들도 살펴봤어요. 주사기와 바늘을 보며

> "기계 내부에서
> 다양한 장기가 만들어지는 장면은
> 컴퓨터 그래픽으로 촬영했습니다.
> 봉준호 감독의 그로테스크한 면을
> 볼 수 있을 겁니다."
>
> _도미닉 투오히

인체의 힘줄을 어떻게 다시 엮을 수 있을지 고민했던 기억이 나네요… 디자인은 단순하면서도 매우 아름다워요. 기계는 중력을 활용하도록 설계되었고요. 한쪽 지지대는 위쪽을, 다른 쪽 지지대는 아래쪽을 지탱하고 있는데, 마치 우주에 떠있는 것처럼 보이지만, 균형을 잡는 방식 때문에 그렇게 보일 뿐이죠."

〈미키17〉 속 시간은 그 경계가 매우 유연하다. 인간 프린팅이라는 기술이 존재하기 때문에 필연적으로 미래의 어느 시점일 수밖에 없지만, 그렇다고 낯선 미래는 아니다. 영화 속 세계에는 미래적인 요소만큼 과거와 현재의 요소들도 많이 담겨있다. 이러한 디테일이 너무 장난스럽거나 난해하다고 생각할 수도 있지만, SF 요소들을 현실적이고 친숙하게 만듦으로써 관객이 작품 속 세계에 더 쉽게 공감할 수 있도록 도와주는 도구가 되기도 한다. 크롬비는 인간프린터 외관의 색상 조합을 그 예시로 든다.

"우리는 'IBM 크림색'이라고 부르는 색상에 완전히 매료됐어요." 크롬비는 말한다. "약간 바랜 듯한 느낌을 주는 색이죠. 영화에는 회색이 많이 등장하지만 인간프린터 장치 같은 특정 기술에서는 IBM 크림색이 사용됐어요. 질감이 있는 플라스틱으로 만든 빛바랜 컴퓨터 같은 색이에요."

현실감을 살리기 위해서는 기계가 어느 정도 작동할 수 있어야 했고, 이는 봉준호 감독이 가장 중요하게 생각했던 부분이기도 하다. "우리 팀은 인간프린터 제작에 투입됐습니다." 특수효과 감독 도미닉 투오히의 말이다. "미술팀에서 제작한 스케치가 있었어요. 봉준호 감독이 콘셉트를 마음에 들어 했고, 이것을 실용적인 장치로 만들기로 했습니다. 이 장치가 인간프린터인 이상 움직이는 부분이 있어야 한다고 봉 감독에게 말했더니 그는 제 의견을 자세히 묻더군요. 나는 장치 외부에 카메라의 렌즈 다이얼처럼 움직이는 베젤이 있으면 좋겠다고 했죠. 그리고 배우가 눕게 될 침대가 프린터에서 종이가 뱉어져 나오는 것처럼 앞뒤로 움직이길 바라는지 그에게 물었습니다. 봉 감독의 답은 '네, 네, 네, 네'였어요."

투오히와 그의 팀은 차근차근 작업을 진척해 나가며 모든 디테일을 살릴 방법을 찾았다. 감독, 배우, 촬영감독, 극장에서 영화를 관람하게 될 관객까지 만족할 만한 결과물을 만들어야 했다. "먼저 튜브 형태로 몸체를 제작했습니다." 투오히는 말한다. "몸체는 컨베이어 벨트를 지탱해야 했어요. 때문에 컨베이어 벨트는 장치에 맞게 완전히 맞춤 제작을 해야 했습니다. 동네 철물점에서 우리가 필요한 컨베이어 벨트를 어떻게 구하겠어요. 우리가 직접 제작하는 수밖에 없었죠. 또한 프린터실에 함께 놓이게 될 다른 의료 장비와도 잘 어울려야 했습니다. 스테인리스 스틸을 생각했는데, 너무 무겁더군요. 그래서 유리섬유로 제작하자고 건의했어요. 하지만 피오나는 베젤 같은 부분은 스테인리스 스틸로 제작하고 싶어 했죠. 문제는 그렇게 제작할 경우 베젤이 너무 무거워진다는 점이었습니다. 결국 합성 목재 같은 복합재로 베젤을 제작한 다음 그 위에 비닐 랩을 씌웠어요. 스테인리스 스틸 느낌이 나는 랩이었는데, 일종의 눈속임을 활용한 셈이죠."

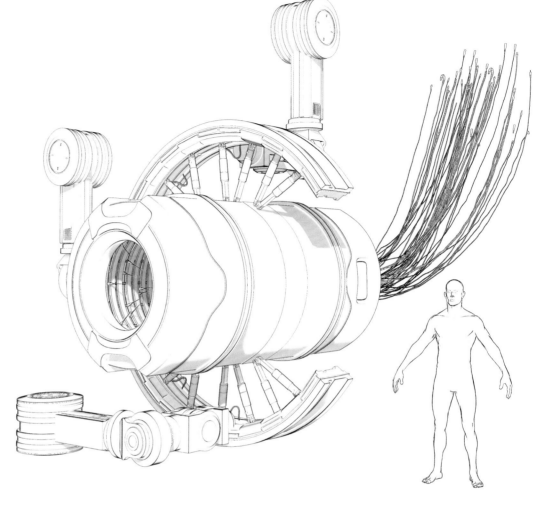

48쪽 위: 미키의 기억을 읽고 업로드하거나 다운로드하여 반복적으로 재사용할 수 있도록 설계된 뇌 스캐너.

48쪽 아래: 봉 감독은 모든 샷이 어떻게 연출되길 원하는지에 대해 명확한 비전을 가지고 있었고, 그의 스토리보드에는 표정과 같은 미묘한 움직임까지 담겨있다. 스토리보드 자체가 프레임별로 쪼개진 한 편의 영화인 셈이다.

49쪽 오른쪽: 인간프린터를 그린 스케치. 디자인의 큰 윤곽뿐 아니라 캐릭터와의 비율까지 보여준다. 제작진은 여러 차례 수정을 거친 끝에 이 디자인을 통해 인간프린터라는 개념을 구체화했으며, 피오나 크롬비의 팀에서는 이를 토대로 작업을 진행했다.

"특수효과팀이 늘 직면하는 가장 큰 문제는 우리 작업이 시끄럽다는 점이었습니다." 투오히는 말한다. "모터에서 웅웅거리는 소리가 나기도 하고, 유압 팩이나 다른 요소들도 소음을 일으킬 수 있어요. 그래서 매번 소음을 줄이기 위해 애를 썼습니다. 봉 감독에게 인간프린터를 보이면서 약간 시끄럽다고 했더니 그 소음이 마음에 든다고 하더군요. 그는 '그 소음이 기계의 생명이고 기계는 그런 소리를 내야 합니다. 내 머릿속에 있는 기계는 바로 저런 소리를 내요'라고 대답하는 거예요. 그래서 음향팀에서 모터 속도가 변하거나 멈출 때 발생하는 모든 소리를 녹음할 수 있도록 세 시간 가까이 기계를 작동시켰어요. 프린터가 작동할 때의 효과음을 제작하려면 필요했거든요."

모든 기능이 작동되는 것을 확인한 뒤, 제작팀은 프리프로덕션 동안 주연 배우 패틴슨을 인간프린터에 눕혀보는 테스트를 진행했다. 제작 과정에서 중요한 순간이었던 만큼, 크롬비는 그 순간을 생생하게 기억한다. "농담이 아니라, 그 세트장에 예순 명은 있었던 것 같아요. 정말 이상했죠. 로버트 패틴슨

이 프린터에 대해 질문을 했던 게 기억납니다. 알다시피 그는 늘 사람들의 시선을 받잖아요. 그가 인간프린터에 들어가는 모습을 보러 얼마나 많은 사람들이 왔는지 믿을 수 없을 정도였어요. 정말 볼만했죠."

사이클러

봉준호 감독의 영화들은 그 자체로 하나의 생태계를 완성한다. 〈설국열차〉의 객차들처럼 직설적으로 연결되기도 하고, 〈기생충〉의 두 가족처럼 상징적이면서 상호의존적인 방식으로 연결되기도 한다. 봉준호 감독의 영화 속 요소들은 서로 조화롭게 상호작용하며, 이러한 방식을 통해 그는 영화 〈옥자〉 속 먹이사슬과 같은 지속 불가능한 구조를 역설적으로 탐구한다. 〈미키17〉에서 미키18은 그의 이전 버전 없이는 존재할 수 없고, 니플하임이 없이는 식민지 개척 임무 자체가 불가능하다.

〈미키17〉에서 생명을 창조하는 장치(인간프린터)와 폐기물 처리 시스템(사이클러)은 본질적으로 연결되어 있다. 피오나는 팀원들과 프린터실이 영화 전반의 기준점이 될 것이라고 논의했던 기억을 떠올린다.

"프린터실이 우리에게 작업 기준을 제시하고 여기서부터 효과적인 요소들을 찾을 수 있으리라 생각했거든요. 그리고 프린터실에서부터 작업을 진행해 나가면 될 것 같았어요. 사이클러실은 프린터실과 정반대의 방식으로 매우 직접적으로 연관되어 있죠. 실제로 프린터실 인테리어를 사이클러실에 재사용했는데, 동일한 언어로 표현되어야 할 것 같았거든요. 두 공간은 위아래로 연결되어 있을 만큼 서로 밀접해요. 실제 우주선에서도 프린터실은 사이클러실 위에 있습니다."

사이클러는 우주선에서 나오는 유기 폐기물들을 결합해 미키의 새로운 몸체를 만든다. 식민지 개척 임무가 미키라는 존재를 바라보는 방식을 이보다 더 정확하게 비유할 수는 없을 것이다. 미키는 본질적으로 소비지향적 사회에서 사용하고 버려진 재료를 재가공하여 만든 새로운 플라스틱 포장재인 셈이다.

"사이클러는 영화에서 매우 중요한 공간입니다." 봉 감독은 말한다. "죽음과 탄생을 동시에 의미하지요. 김이 모락모락 나는 외관 때문에 뜨겁게 불타오르는 지옥처럼 보이기도 합니다. 사이클러실에서는 많은 일들이 벌어집니다. 사이클러의 기본 구조는 각본 작업 중에 제가 직접 그렸습니다."

크롬비는 사이클러를 반드시 제대로 구현해야 했다고 말한다. "제작하는 데 가장 오랜 시간이 걸렸습니다. 처음 프로젝트에 참여했을 때부터 여러 버전을 만들었어요. 집에서 작업을 하고 있을 때였는데 본격적으로 제작에 들어가기 직전까지 사이클러를 어떻게 만들지 내 생각을 계속 제시했어요." 크롬비는 설명한다. "우리는 사이클러가 정확히 무엇인지 오랫동안 끊임없이 논의했어

50쪽: 미키18은 그의 전임자보다 더 불안정하고 예측하기 어려운 모습을 보여준다.

51쪽: 스토리보드를 통해 봉 감독은 자신의 비전을 명확하게 설명하고자 했다. 각 프레임을 세심하게 계획하기 위해 장면을 세밀하게 묘사하는 한편, 표정과 움직임을 직접 연기하기도 했다.

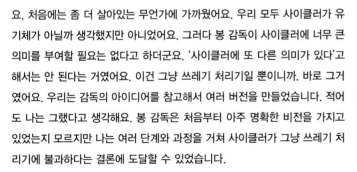

요. 처음에는 좀 더 살아있는 무언가에 가까웠어요. 우리 모두 사이클러가 유기체가 아닐까 생각했지만 아니었어요. 그러다 봉 감독이 사이클러에 너무 큰 의미를 부여할 필요는 없다고 하더군요. '사이클러에 또 다른 의미가 있다'고 해서는 안 된다는 거였어요. 이건 그냥 쓰레기 처리기일 뿐이니까. 바로 그거였어요. 우리는 감독의 아이디어를 참고해서 여러 버전을 만들었습니다. 적어도 나는 그랬다고 생각해요. 봉 감독은 처음부터 아주 명확한 비전을 가지고 있었는지 모르지만 나는 여러 단계와 과정을 거쳐 사이클러가 그냥 쓰레기 처리기에 불과하다는 결론에 도달할 수 있었습니다.

결국 방 안에 다섯 대의 사이클러를 설치해 사이클러가 더욱 평범해 보이게 만들었어요. 주요 사건은 가운데에 있는 사이클러에서 일어나지만, 주변에 사이클러를 더 설치해 그 방이 플라스틱이나 골판지, 음식물 쓰레기 등을 넣을 수 있는 재활용 센터처럼 보이도록 연출했죠. 여러 개가 있으면 사이클러가 훨씬 더 평범해 보일 테니까."

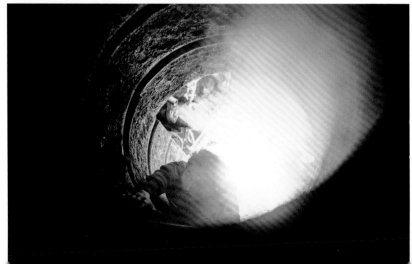

"어둡고, 축축하고,
 반짝반짝 빛이 나며
 김이 날 정도로 뜨겁습니다."
_피오나 크롬비

52쪽: 화려한 제복을 입은 마샬이 사이클러실에서 달궈진 쇠꼬챙이를 미키18의 얼굴에 대는 장면을 준비하는 봉준호 감독. 이 장면 이후 두 미키가 뚜렷하게 구분된다.

53쪽: 사이클러실에서 벌어지는 영화 전반부의 액션 장면을 담은 스틸컷. 처음 만났을 때, 미키18은 미키17보다 자신감 있으며 다소 불안정한 에너지를 가진 인물로 묘사된다.

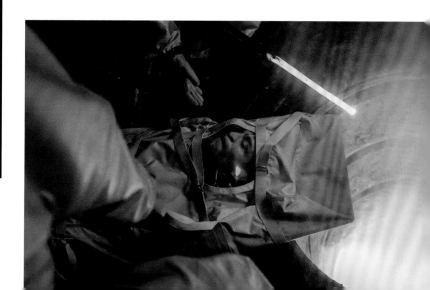

카페테리아

〈미키17〉 우주선의 외관을 결정할 때 봉 감독과 피오나 크롬비, 캐서린 조지는 모두 본질적으로 이 우주선이 우주를 나는 석유시추선과 비슷할 것이라는 데 동의했다. 이 여정에 참여한 사람들은 먹고, 일하고, 잠을 잔다. 따라서 카페테리아는 우주선의 심장이나 마찬가지다. 카페테리아는 공용 공간이지만 공동체적인 요소는 전혀 없다. 순전히 기능적인 공간이다.

봉준호 감독은 자신의 창조물을 잘 드러내는 멋진 장면들을 연출하는 데 뛰어난 감각을 가지고 있다. 그는 평범할 수 있는 상황에 예상치 못한 요소를 투입하여 최대한의 임팩트를 남기는 장면을 연출한다. 〈괴물〉에서 괴물이 강을 따라 움직이는 장면이나 〈옥자〉에서 옥자가 쇼핑몰을 질주하는 장면을 예로 들 수 있다.

카페테리아 역시 마찬가지였다. 카페테리아는 견고하면서도 소박한 공간이어야 했다. 이 공간은 영화 후반 핵심 장면의 배경이 되는데, 잘 통제되어 있던 환경에 예측할 수 없는 요소가 등장하며 스토리를 완전히 뒤집어 놓는다.

막대한 예산을 투입하고 리브스덴에 전용 공간도 확보했지만, 세트를 디자인하고 시공하는 데는 여전히 제작팀의 상상력이 필요했다. "영화 제작 전반에 걸쳐 어려웠던 점은 세트 공간이 많지 않았다는 것이었습니다." 크롬비는 설명한다. "우리는 스튜디오 공간에 네 개의 세트를 압축해 넣었어요. 위원회실 바로 옆에 카페테리아가 있었어요. 사이클러는 반대편에 있었는데, 우주선 창문이 있는 긴 복도를 통해 카페테리아, 위원회실과 연결되어 있었죠. 우리는 그 스튜디오에 모든 것을 쏟아 부었습니다. 어딜 가나 스태프로 가득 차있어서 정신이 없었어요. 모든 세트들이 예상보다 더 오래 유지됐어요. 다른 세트에서 촬영이 진행되고 있어서 아무것도 철거할 수 없었거든요.

카페테리아 세트에 들어갈 소품은 많았지만 형태는 아주 단순했어요. 원래 생각한 세트는 그보다 컸어요. 잠수함이 밖에서 보면 엄청 커 보이는데 내부는 굉장히 좁다는 글을 예전에 읽은 적이 있어요. 잠수함에는 여러 개의 엔진이 있기 때문이라고 하더군요. 하나가 고장 나더라도 생존할 수 있도록 다른 장비를 갖춰놓은 거였어요. 그 내용이 머릿속에 떠올라 무릎을 탁 치게 되더군요. 그리고 우주선의 모든 공간을 그렇게 만들기로 했어요. 복도에는 오르내리는 경사로가 끊임없이 이어지고, 천장이 갑자기 낮아지거나, 모서리가 이상한 각도로 꺾여있기도 합니다. 직선은 찾아볼 수 없어요. 어디에도 직선이 없는 통로를 만들려고 노력했어요. 사이클러와 같은 무언가를 중심으로 생활하고 있다는 인상을 주고 싶었거든요. 하지만 큰 공간도 몇 군데 있었는데, 그 중 가장 큰 것이 카페테리아입니다. 카페테리아는 애초부터 가장 큰 공간으로 계획됐어요. 하지만 우리가 원하는 만큼 크게 만들지는 못했어요. 스튜디오가 너무 꽉 차서 자리가 모자라더군요. 하지만 꽤 잘 만들었다고 생각합니다."

봉준호 영화의 모든 요소는 신중한 고민의 결과물이다. 작은 디테일 하나도 우연에 맡겨지는 법이 없다. 그의 미장센에서는 세트 배경의 사소한 장식 하나도 영화의 주제를 강조하는 역할을 한다. "자판기 몇 대를 제작했는데, 정말 마음에 들었어요." 크롬비는 회상한다. "통제를 빼고는 우주선을 설명할 수 없어요. 우주선 내에서는 소지할 수 있는 물건의 양이 제한되어 있습니다. 치약, 비누, 빗 등이 일정한 양으로 소분되어 판매되는 자판기는 이러한 통제가 얼마나 지독한지를 잘 드러내 주었죠. 그런 자판기를 곳곳에 배치했는데 정말 마음에 들었어요. 정말 세심하고 훌륭한 디테일이었습니다."

56~57쪽: 영화 제작 과정에서 카페테리아 세트가 생동감을 얻기까지는 스토리보드를 작성하고, 세트를 준비하는 과정을 거친다. 최종적으로 영화에 담긴 모습이 오른쪽 스틸컷으로 남았다. 카페테리아 세트는 의도적으로 친숙하게 디자인되었고, '초현실적' 장치들로 복잡하게 꾸며지지도 않았다. 이는 봉준호 감독에게는 중요한 사항이었는데, 프로덕션 디자이너 피오나 크롬비는 이렇게 설명한다. "어디까지 재창조를 해야 할지에 대해 봉 감독과 대화를 나눴습니다. 규모가 큰 영화지만, 실제로 우리가 표현하고자 하는 메시지를 잘 표현하려면 상당히 머리를 써야 했죠. 봉 감독은 잘 작동하는 것들을 다시 만들 필요는 없다는 의견을 줬어요. 그 설정에서 너무 멀리 벗어나고 싶지 않았죠. 되도록 현재와 닮았으면 좋겠다고 생각했고요."

미키의 방

미키는 사용되고 버려지는 존재다. 팀원 중 한 사람으로 여겨지는 것이 아니라, 도구나 장비쯤으로 여겨진다. 그래서 승무원들이 물통이나 걸레를 보관할 만한 장소가 그의 숙소로 낙점된 것은 어찌 보면 당연한 일이다.

그의 방은 어둡고, 비좁으며, 딱딱해 보이는 모서리와 직선으로 가득 차 있다. 차갑고 환영받지 못하는 것 같은 이 공간을 포근하게 꾸미려고 한 흔적은 전혀 보이지 않는다.

영화 촬영을 위해서는 나샤의 방, 카이의 방, 마샬의 방, 미키의 방까지 총 네 개의 방이 필요했다. 촬영팀은 이 모든 공간을 영화에서 딱 필요할 만큼만 완벽하게 제작하는 창의적이고 경제적인 방법을 찾아냈다. 마샬이라는 캐릭터 못지않게 비용과 공간을 효율적으로 사용할 수 있다는 사실을 증명한 셈이었다. "모듈을 활용했죠." 크롬비는 설명한다. "모듈의 콘셉트를 정하고, 나샤와

카이의 방을 만들 때는 같은 방을 두 개 만들었어요… 그리고 방의 방향만 바꿨습니다. 침대 위치는 반대지만 구조는 동일해요. 그런 다음 뒷부분에 같은 형태의 방을 만들고 벽을 허물어 마샬의 공간을 만들었죠. 그의 방은 나샤와 카이의 방에 모듈의 절반 정도를 더한 크기입니다."

그리고 미키 역시 방이 필요했다.

"미키의 방은 가장 허름한 방이어야 했기 때문에 약간 다르게 만들었어요." 크롬비의 설명이다. "최악의 숙소여야 했어요. 미키의 침대 뒤로 전선과 파이프가 꽤 많이 노출되어 있습니다. 봉준호 감독이 멋진 아이디어를 줬는데, 미키가 하루 일과를 마치고 집에 돌아오면 베개에 발자국이 남아 있을 때가 있다고 하더라고요. 측정기를 고치거나 공기압을 확인하기 위해 사람들이 들락날락하기 때문예요. 그런 방이 미키의 공간인 거예요."

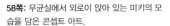

58쪽: 무균실에서 외로이 앉아 있는 미키의 모습을 담은 콘셉트 아트.

59쪽 왼쪽: "글에서부터 생동감이 느껴졌고, 다양한 방식으로 연기할 기회를 제공한 역할이었어요."(로버트 패틴슨)

59쪽 오른쪽: 똑같이 생긴 두 캐릭터가 같은 장면에 등장할 때면 콘셉트 아트와 스토리보드에서 이들을 구분해야 하는 어려움이 생긴다. 두 미키는 성격이 다르며, 표정과 몸짓 언어로 구별할 수 있다. 빠르게 참조할 수 있도록 패널마다 '17' 또는 '18'을 적어두었다.

60쪽: 일파의 화려하고 사치스러운 거주지를 보여주는 세트 사진. 미키의 거주 환경과는 전혀 다른 세계를 엿볼 수 있다.

61쪽: 일파의 거주지에서 진행되는 주요 장면이 담긴 봉준호 감독의 스토리보드. 마샬이 자신의 본모습을 드러내는 장면으로, 영화 후반부 미키 18의 행동에 촉매 역할을 한다.

마샬의 집

우주선 내에는 명확한 위계질서가 존재한다. 처우, 사회적 지위, 의복과 식단에서는 물론 생활공간에서도 그 차이가 명확하게 드러난다. 승무원들의 공간이 회색 명암 위에 존재한다면 일파와 마샬의 공간은 무지갯빛 팔레트 위에 존재한다. 이 계층 구조, 특히 미적 계층 구조는 각본에서부터 비롯되었고, 이를 현실로 구현하는 임무는 프로덕션 디자인팀에 넘겨졌다.

"왜 마샬의 집은 회색이 아닐까요?" 크롬비가 묻는다. "평범한 다른 사람들의 공간과는 다른, 인테리어 장식이 된 집을 통해 그들에게 특권이 있다는 사실을 직관적으로 보여줄 수 있기 때문이죠. 우리는 우주선에 타는 모든 승객에게 수하물 허용량이 제한된다는 점에 대해 계속 이야기했어요. 미키의 수하물 허용량은 가장 적었기 때문에 방을 꾸밀 때도 사적인 물건은 아주, 아주 조금만 사용됐죠. 사실 개인적인 물건은 아무것도 없어요. 그리고 계급이 높아질수록 소지품이 많아집니다. 나샤는 개인적인 물건을 약간 가지고 있고, 카이도 그래요. 하지만 마샬은 차원이 다르죠. 그림과 조각품, 자신만의 가구 등 가질 수 있는 건 다 가졌어요. 나는 그들이 그런 물건들을 가지고 있는 게 적절하다고 생각했어요. 새로운 땅을 정복하러 가는 사람들이라면 자신의 물건, 즉 문화를 가지고 가려고 할 테니까. 그들은 새로운 것을 보려고 하지 않아요."

마샬의 방에 맞춤형으로 장식된 물건들은 모두 그의 성격을 완벽하게 반영하며, 이는 배우 마크 러팔로가 캐릭터를 형성하는 데도 영감을 주었다. 그는 그중 몇 가지를 여전히 기억한다.

"헬리콥터인지 뭔지 모를 어딘가에서 쏴 죽였을 법한, 박제된 사자 모형까지 있더라고요." 마크 러팔로는 말한다. "나를 로마 원로원 의원처럼 묘사한 제프 쿤스 스타일의 조각품도 있었어요. 정말 유치하죠… 내 몸에 의상만 바꿔 입힌 것 같은 모습이었어요. 가짜 대리석으로 만든 조각상인데, 모든 면이 가짜 같은 게 마샬의 본질을 정말 잘 드러냈다는 생각이 들더군요. 그 조각상은 지금 우리 집에 있습니다. 제작팀에서 보내줬어요."

일파 역시 자신만의 왕국을 가졌다. 바로 주방이다.

"물론 일파의 주방에는 그녀의 주방기구들이 모두 갖춰져 있어요." 크롬비는 설명한다. "정말 만족스러웠어요. 분홍색과 금색, 노란색과 검은색. 인조 모피를 많이 사용해서 아주 대담하게 꾸몄습니다. 어떤 면에서는 충격적이기도 하죠. 빨리 영화가 개봉됐으면 좋겠어요. 회색빛 세상에 있다가 갑자기 정반대의 세계로 들어온 것 같은 기분을 관객들도 느끼길 바랍니다.

어떤 음식을 만들 것인지 정말 많은 고민을 했어요. 영화 속 인물들은 어떤 재료를 가지고 있을까? 소금물에 절인 재료, 말린 재료, 숙성된 재료 등을 준비했어요. 원래 성분과는 다르게 생긴 대체 식품들도 있었습니다. '이 식민지가 어떻게 유지되고 있는가'를 고민해 봤죠. 배양육이나 과학 기술, 환경을 포함한 식품 기술을 비중 있게 생각해야 했어요. 보통 실험실에서 볼 수 있는 요소들이지만, 알파의 주방에서도 어느 정도 엿볼 수 있을 겁니다."

창고

카페테리아에서의 축하 파티가 피비린내 나는 대학살로 변질되고 난 뒤 미키17, 미키18, 나샤는 감옥에 갇히게 된다. 우주선에는 꼭 필요한 설비만 갖춰져 있기 때문에 당연히 실제 감옥은 존재하지 않는다. 대신 세 사람은 형식적인 절차도 없이 창고에 처박히게 된다.

티모가 등장하기 전까지 대화만으로도 상황 파악이 가능한 장면으로 이루어져 있지만 사실 이 장면에서 배우들은 엄청난 인내와 끈기를 발휘해야 했다. "매 순간이 힘들었지만 재밌기도 했어요." 배우 나오미 애키는 말한다. "가장 촬영하기 까다로웠던 장면은 저와 두 명의 로버트 패틴슨이 감옥에 갇히는 장면이었어요. 조명 때문에 촬영이 힘들었거든요. 이 장면을 촬영하는 데 일주일 정도 걸렸는데, 작동하는 장비들도 너무 많았고 로버트 패틴슨은 번갈아가며 두 캐릭터를 연기해야 했어요. 감옥은 마치 토끼 같은 동물들을 넣는 거대한 우리처럼 생겼는데, 바깥쪽에는 햄스터 사육장처럼 물병도 달려있더군요.

세트 사방이 모두 철창으로 둘러싸여 있었고 철창 틈으로 빛이 들어왔는데, 그런 공간이 서로 겹겹이 쌓여 있는 구조였습니다. 로버트 패틴슨은 감방에서 감방으로 옮겨 다녀야 했고, 조명 문제도 복잡했어요. 정말 힘든 작업이었습니다. 로버트 패틴슨이 캐릭터를 번갈아 연기해야 해서 치아 분장을 고치고 머리 모양도 바꾸느라 시간이 더 오래 걸렸어요."

64쪽: 창고이자 감옥으로 사용되는 세트에서 스티븐 연이 촬영 중이다.

65쪽: 미키17, 미키18 그리고 나샤가 갇히는 장면을 표현한 스토리보드. 좁은 공간 덕분에 배우들과 세트 디자이너, 촬영 감독 모두 흥미로운 도전 과제와 마주해야 했다.

"창고 감옥은 약간 다르게 만들었습니다.
컨테이너처럼 보이도록 신경 썼어요.
무게 문제 때문에 이곳 전체를
진공성형 플라스틱 시트와 강철로 제작했습니다."

_레이 배럿, 시공관리자

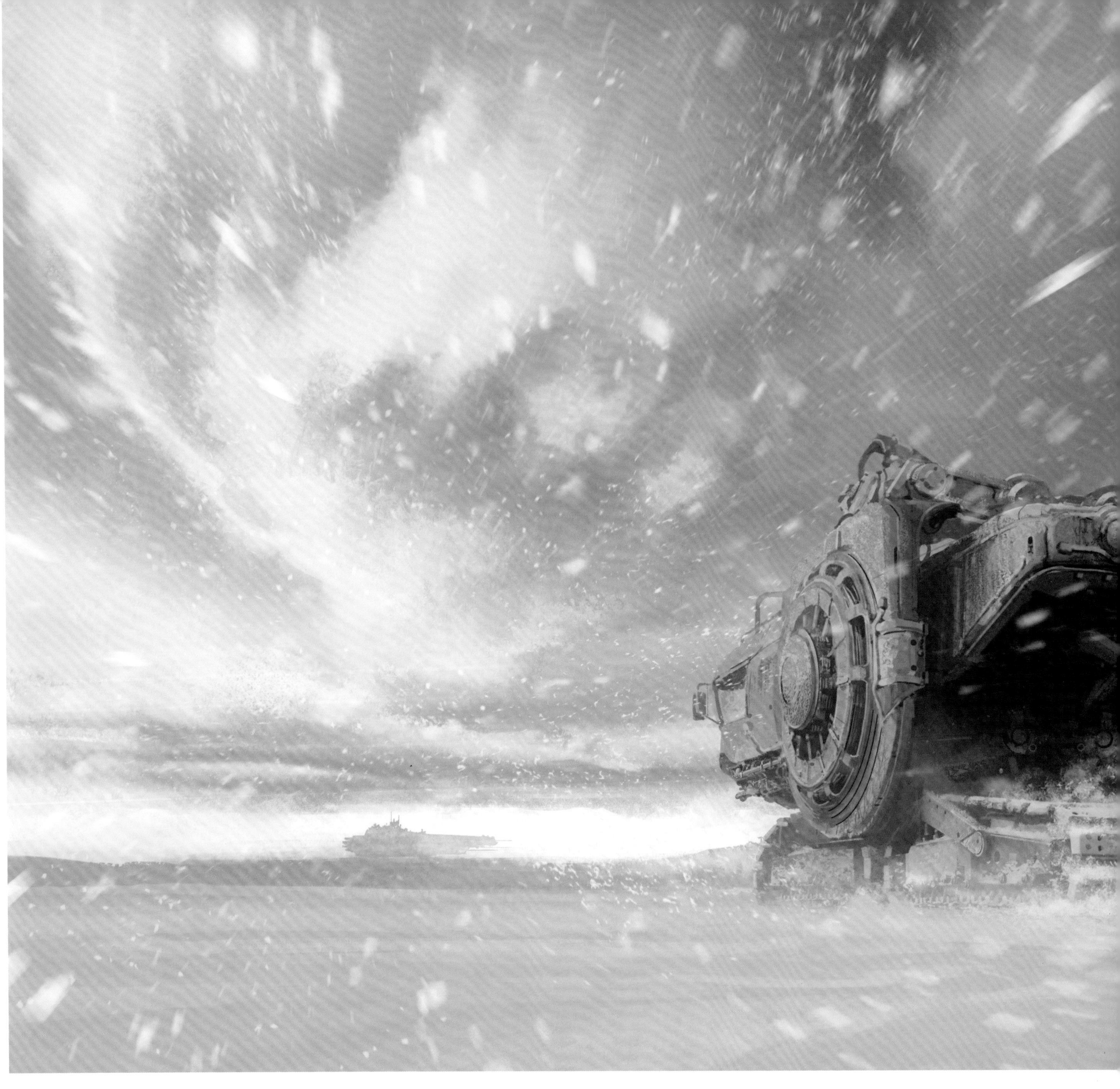

66~67쪽: 제이미 존스의 핵심 콘셉트 아트. 존스는 봉준호 감독이 영화를 시각화할 때 사용했던 디자인을 그대로 구현해 냈다. 〈미키17〉의 제작 규모와 야망이 잘 표현되었다.

플리터

식민지 주민들에게는 니플하임 행성의 험난한 표면을 이동하기 위한 이동 수단이 필요하다.

바로 '플리터'다. 영화에 등장하는 모든 장치들과 마찬가지로 플리터는 실용적이고 기능적인 기계 장치다. 니플하임의 눈과 얼음을 가로지를 수 있도록 만들어진 이 장치는 인간이 지배하는 새로운 세계에 길을 개척하는 역할을 한다. 마샬에게는 그의 '퍼레이드'에 필요한 도구이기도 하다. 그는 마치 전쟁에서 승리를 거둔 정복왕처럼 겨울용 외출복을 입고 마이크를 든 채 플리터 위에 서서 당당하게 방송을 한다. 상층 갑판은 고급 요트와 모양이 비슷하지만 아래쪽은 훨씬 두툼하고 단순한 형태로, 흠집이 나고 낡아 보인다. 마샬은 니플하임을 때 묻지 않은 원시 영토로 여기며, 자신이 이곳을 개발하는 존재라 생각한다.

플리터 제작 과정에서 첫 번째 단계는 피오나 크롬비의 몫이었다. "아트 디렉터들과 함께 레퍼런스를 찾고 콘셉트를 정한 다음 디자인 작업에도 참여했습니다." 크롬비는 말한다. "수석 아트 디렉터인 제이슨이 그 과정에서 중요한 역할을 했어요. 다른 아트 디렉터들도 정말 많이 도와줬어요. 실제 제작은 특수효과팀에 넘겼죠. 모든 세부 사항은 세트장식팀이 담당했어요. 좌석이나 벨

트, 온갖 기구와 장비는 모두 그 팀에서 준비한 것들이에요."

플리터의 외형은 대본에서 아이디어를 얻었다고 크롬비는 설명한다. "'날 수도, 달릴 수도 있다'고 쓰여있었어요. 그래서 커다란 바퀴가 달린 ATV 차량들을 살펴봤죠. 나는 플리터가 생물체처럼 보여야 한다고 생각했어요. 마치 땅을 파고 있는 것처럼 보이길 바랐죠. 그래서 바퀴벌레 같은 생김새를 상상했어요. 기체역학도 따지지 않고, 세련되지도 않게, 일부러 투박하게 만들었어요. 전 지형, 전천후, 어디든 갈 수 있는 기능적인 차량이니까."

특수효과 감독 도미닉 투오히와 그의 팀은 최대한 실용적이면서 현실감 있는 플리터를 만들기 위해 노력했다. "플리터 제작에 참여하게 되어 정말 기뻤습니다." 투오히는 말한다. "지시사항은 아주 명확했어요. 정해진 콘셉트가 있었습니다. 모든 것은 바퀴의 직경에서 시작됐어요. 우리가 사용할 수 있을 만한 실제 차량이 있는지 살펴봤고, 조사 결과를 바탕으로 손을 대기 시작했어요. JCB 패스트트랙 모델을 기본으로 두고 앞바퀴를 뒷바퀴로 교체하는 등의 작업을 진행했어요. 그 차량이 플리터의 기본형이 되었죠."

JCB 패스트트랙은 트랙터의 일종으로 특수효과팀과 세트장식팀이 활용할

수 있는 노출된 부품이 많았다. "트랙터에 이미 유압 시스템이 장착되어 있어서 그대로 활용할 수 있었습니다." 투오히는 설명한다. "이 모델을 사용하고 싶었던 또 다른 이유는 이 차량이 다른 면에서도 유용했기 때문이었어요. 우리는 트랙터를 바탕으로 플리터의 모습을 상상해 봤습니다. 이런 차량을 움직이려면 핸들, 브레이크, 유압 장치를 움직여야 합니다. 차량이 무작정 공중에 떠있는 것처럼 보이지 않아야 한다고 생각했어요.

우리 팀이 리브스덴의 세트에서 플리터를 직접 제작했죠. 차체를 철골 구조로 만든 다음 레버를 비롯한 모든 요소를 넣기 위한 패널을 삽입했습니다. 그리고 세트장식팀, 소품팀과 함께 새로 장식했어요. 그렇게 실제로 움직이는 차량을 만든 겁니다. 필요하면 빠르게 달릴 수도 있는."

그들은 플리터 한 대를 완성했다. 하지만 두 대를 더 만들어야 했다. "처음에는 분명 '한 대 만들어 볼 수 있지 않을까?'로 시작했어요." 투오히는 말한다. "그러다가 갑자기 영화에는 총 세 대가 등장한다는 이야기를 들었습니다. 세 대를 어느 세월에 만들 수 있을까? 봉준호 감독이 아주 머리를 잘 썼는데, 카메라가 세 번째가 플리터가 될 테니 두 번째 플리터의 일부만 만들어서 플리터가 총 세 대인 것처럼 보이게 만들자고 제안했어요. 내가 구식 영화 제작 방식이라고 부르는 방식으로 말이죠. 플리터를 요리조리 움직여 총 세 대 있는 것처럼 보이게 하지만 알고 보면 두 대뿐입니다. 세 번째 플리터는 디지털 방식으로 제작한 겁니다."

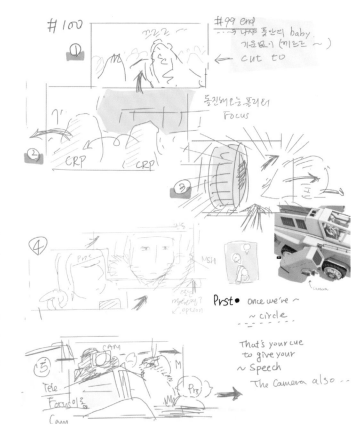

다행히 제작진은 필요한 플리터를 전부 제작할 수 있는 공간을 확보했다. 영국 베드퍼드셔주에 위치한 거대한 격납고인 카딩턴 스튜디오가 외계 행성 니플하임 촬영의 중심지가 되었다. "결국 차량 한 대 반을 만들었고, 모두 똑같이 보이도록 제작되었습니다. 차량들은 모두 움직이는 부품과 캐노피, 외부로 드러난 스프로킷 모터를 갖추고 있었어요. 재밌었던 건, 리브스덴의 작업장에서는 플리터가 너무 커서 문에 끼일 정도였어요. 그래서 카딩턴으로 옮기기 위해 차량의 일부를 분해할 수 있게 만들어야 했습니다. 그런데 카딩턴에 설치해 놓고 보니 마치 장난감처럼 보이더군요. 카딩턴 세트는 정말 어마어마한 규모로 꾸며졌습니다."

70쪽 아래: 플리터의 콘셉트 아트. 플리터는 니플하임을 횡단하기 위한 기능성 운송수단이자 후에 마샬의 전쟁 전차로도 사용된다.

70쪽 위: "보통 각본 작업 중에는 스토리보드를 만들지 않고, 단순하고 중요한 몇 가지 이미지만 그립니다. 예를 들어 〈기생충〉 각본을 쓸 때는 문광이 지하실 문을 여는 이상하고 독특한, 묘한 장면을 그렸죠. 스토리보드 작업은 그 후에 진행하고요."(봉준호 감독)

71쪽: 카딩턴 스튜디오 촬영 중 작동 중인 플리터 차량을 관찰하는 봉준호 감독.

니플하임

니플하임은 대본에서 끝없이 펼쳐진 눈과 얼음으로 묘사된다. 식민지 개척 임무의 슬로건과 광고에는 '때 묻지 않은 단 하나의 순수한 땅!'이라는 문구로 소개된다. 니플하임은 4년간 이어진 우주여행의 목적지이며 미키와 나머지 승무원들에게는 새로운 보금자리다.

언뜻 보기에 니플하임은 무자비하고 황량한 세계처럼 보이기도 한다. 니플하임의 환경은 지구와는 완전히 다르며, 등장인물과 관객이 영화의 대부분을 보내는 우주선 내부와도 대조를 이룬다. 이는 전적으로 의도된 설정이라고 크롬비는 설명한다.

"니플하임은 그저 하얗습니다. 단순해요… 스토리텔링이 아주 명확한, 아름다운 장소죠. 하지만 모든 것이 환경과 조화를 이루는 이 깨끗한 행성에 우주선이 도착하고 나면 어떻게 될까요? 지구의 역사를 떠올려 보면 이 행성은 아름다운 동시에 비극적이기도 합니다. 그래서 나는 이 선명한 백색 환경이 아주 중요하다고 생각했습니다. 이유는 아주 단순해요. 우주선 내부의 혼란과 복잡한 디테일, 층층이 쌓인 요소들이 이 순백색 행성과 대조를 이루기 때문이죠."

니플하임이 빈 캔버스 같다는 생각이 든다면 제대로 이해한 것이다. 콘지는 그 위에 그림을 그리는 작업을 즐겼다. "등장인물들의 목적지는 눈이 덮인 거대한 순백색 세상이었습니다. 마치 하얀 얼음 조각 같은 이 행성에서 색조를 띠는 건 오직 생명체들뿐이에요." 콘지는 말한다. "짙은 회색을 띈 생명체를 제외한 모든 것은 흰색이었습니다. 어쩌면 빨간색도 볼 수 있을 겁니다. 피나 불은 빨간색이니까. 그 밖에 다른 모든 것들은 흰색이에요. 이 설정이 정말 흥미로웠어요. 나는 이 영화를 절반의 SF 영화라 여겼는데, 설명하다 보니 정말 멋진 SF 영화를 소개하는 기분이 드는군요."

니플하임이라는 세계를 창조하는 과정에서 일정과 예산을 계획대로 유지하고, 배우의 경험과 사실감을 살리려면 시각적 목표와 계획을 반드시 세워야 했다. VFX 하우스 DNEG에서 영화 속 환경 작업을 대부분 담당했고, 전체 시각 특수효과는 댄 글래스가 진두지휘했다. 댄 글래스와 DNEG는 봉준호 감독의 스토리보드를 바탕으로 니플하임을 시각화하고 각 장면에 어떤 컴퓨터 그래픽이 필요한지 정밀하게 계획했다.

"프리비즈를 매우 효율적이고 실용적이면서 선별적으로 사용했는데, 이런 방식이 매우 인상 깊었습니다." 댄 글래스는 전한다. "프리비즈 때문에 오히려 의사 결정이 지연되는 때도 있습니다. 목표가 명확하지 않은 경우에는 프리비즈를 제대로 활용하지 못하기도 합니다. 하지만 봉 감독에게 프리비즈는 자신의 아이디어와 스토리보드를 궁극적으로 원하는 그림으로 바꾸는 도구였어요. 프리비즈 결과를 바탕으로 제1조감독에게 작업 목록을 작성해 주거나 모든

정보를 체계적인 방식으로 추출해 촬영 일정을 짜는 데 참고할 수도 있었죠.

요즘에는 프리비즈로 상당히 완성도 높은 결과물을 생산할 수 있다는 점도 도움이 됐습니다. 예전에는 빠르게 넘어가는 반복 작업에 불과했는데, 언리얼 엔진과 같은 실시간 게임 엔진이 발전하면서 10년 전의 애니메이션 영화나 단편영화와 비슷한 수준의 고품질 이미지를 제작할 수 있게 됐거든요. 우리는 그 수준의 퀄리티를 구현하기 위해 노력했습니다. 전부 촬영할 생각이었기 때문에 나중에 편집과정에서 요긴하게 쓰이리라는 걸 알았어요. 배우들이 거대한 흰 바탕 위에 서있을 텐데, 배경에 아무것도 보이지 않으면 나중에 편집하기가 어렵습니다. 배경에서 무슨 일이 일어나고 있는지 나타내는 플레이스홀더가 없으면 말이죠. 그래서 다윈10으로 이러한 장면을 제작했습니다. 미리 계획을 세우는 데도 도움이 됐고, 첫 편집본을 만들 때 프리비즈에 사용된 CG를 제거하고 그 자리에 실제 촬영한 영상을 넣었습니다. 그게 우리가 작업한 방식이었어요. 결과적으로 모든 액션이 이미 계획되어 있어서 감독이 최종적으로 원하는 컷을 더 쉽게 만들 수 있었죠."

72쪽: 카딩턴에서 니플하임의 모습을 촬영 중이다. 왼쪽을 자세히 보면 측면에 흰색 시트가 드리워진 모습이 보이는데, 이는 VFX팀에서 완성된 영화를 위해 니플하임의 범위와 규모를 확장할 수 있게 해주는 역할을 한다.

73쪽 아래: 영화 후반부 촬영 중, VFX팀이 배치한 퍼포먼스 마커 사이에 선 두 미키.

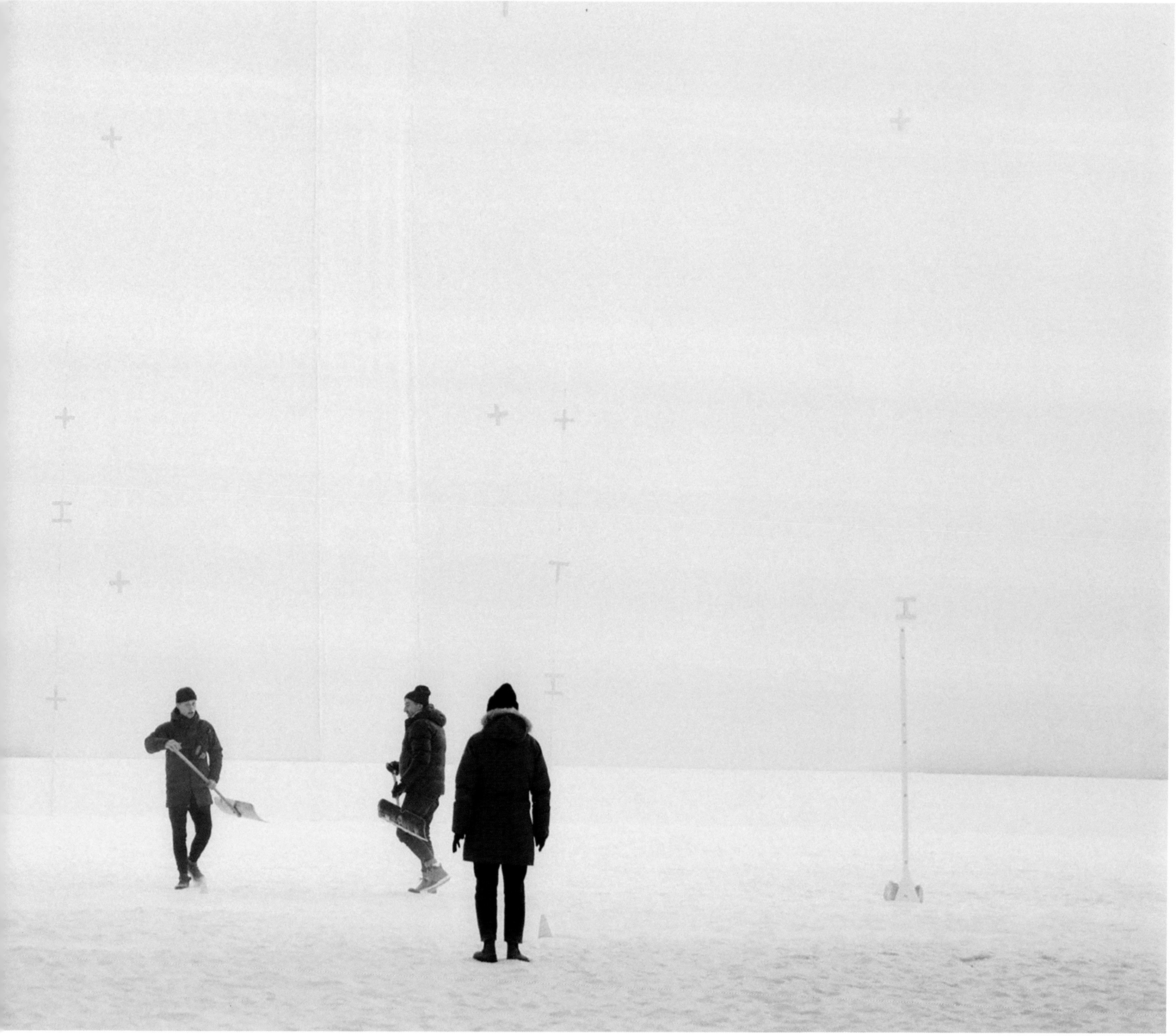

MICKEY
ROB PATTINSON
NASHA
NAOMI ACKIE
POLICE DETECTIVE
THEO OGUNDIPE
KAI KATZ
ANAMARIA VARTOLOMEI
RED HAIR
HOLLIDAY GRAINGER
ALEXA 65
1
2
3
REC
PLAY
LOCK

출연진
THE CAST

미키17

영화의 주인공은 미키 반스다. 하지만 봉준호 감독의 영화에서는 그리 단순한 문제가 아니다. 영웅과 악당을 흑과 백처럼 명확하게 구분할 수 없기 때문이다. 미키 스스로도 자신을 영웅으로 여기지 않는다. 사실 그는 자신의 삶에서 조차 주인공이라 할 수 없다. 영화에서 환경을 탓할 수 있는 인물이 있다면 바로 미키 반스일 것이다. 그는 스토리가 전개될수록 더 절망적인 상황에 처하게 되고, 그러한 상황은 대부분 그가 죽는 것으로 끝난다.

"이야기가 시작되기 전부터 미키는 자신의 삶에 큰 기대가 없었습니다." 로버트 패틴슨은 말한다. "그런데도 절망적인 사건들이 계속 일어나자 그는 상황을 탓하거나 맞서 싸우는 대신 자신의 기대치를 부정적인 방향으로 계속 낮추는 것이 살아남는 방법이라고 생각하게 됩니다. '그래, 예전에도 내 인생은 엉망진창이었어. 지금은 매일 고문을 당하지만 적어도 여자 친구가 있잖아'라고 생각하는 거죠. 태도가 좀 특이하고 이상하긴 해요. 본질적으로 그는 선한 인물이고 여전히 다정한 면을 지니고 있지만 동시에 병적일 정도로 자신감이 결여되어 있습니다."

미키는 어머니가 자신 때문에 돌아가셨다는 죄책감을 평생 동안 안고 살아왔다. 그는 '내 인생은 빌어먹을 형벌'이라고 말하기도 한다. 미키의 태도는 속죄라기보다 자신이 마땅히 받아야 할 벌을 받고 있다는 자포자기에 가깝다.

"그가 왜 그런 삶을 살아가려고 하는지 이해하려고 노력했습니다." 패틴슨은 말한다. "그는 어렸을 때 자신이 자동차 버튼을 누르는 바람에 어머니가 돌아가신 것 같다고 생각하는데, 그의 내면에는 그 사건에서 비롯된 어두운 면과 수치심이 자리 잡고 있습니다. '나는 벌을 받아도 싸. 내 잘못이야'라고 말하는 대목에서 그는 마치 성경에 나오는 인물처럼 보이기까지 해요. 자신을 욥 같은 존재로 여기는 인물이라니, 흥미로웠습니다. 하지만 동시에 그에게는 광대 같은 면도 있어요. 철이 덜 든 욥이라고나 할까."

다른 사람이 이 이야기를 다뤘다면 모든 상황이 암울하고 비극적으로 비춰질 수도 있었을 것이다. 하지만 패틴슨과 봉준호 감독은 다른 방식을 찾아냈다. 미키가 슬픔에 맞서고 주변 세계를 대하는 방식은 재미있고, 놀랍고, 독창적이며, 한없이 매력적이다. 패틴슨은 인간 프린팅, 우주여행, 먼 행성, 외계 종족을 아우르는 SF 영화에서 미키라는 캐릭터에 생명을 불어넣기 위해 의외의 참고 자료를 찾아냈다. 위대한 배우이자 코미디언 찰리 채플린은 "인생은 가까이 보면 비극이고 멀리서 보면 희극이다"라는 명언을 남겼다. 미키라는 캐릭터를 파악하는 데 매우 중요한 비유다. 그의 삶은 너무 절망적이어서 웃지 않을 수 없다.

"봉준호 감독은 많은 액션 장면에서, 특히 미키17이 움직이는 방식과 같은 부분에서 꽤 특이한 동작들을 할 수 있도록 허락해 줬습니다. 나는 버스터 키튼이나 '로럴 앤 하디'처럼 무언가에 부딪히거나 계속 두리번거리는 등 다양한 움직임을 시도했어요. 정말 재미있었어요. 보통 이런 연기는 큰 예산이 투입된 SF 영화에는 잘 어울리지 않는데, 봉준호 감독의 영화에서만큼은 허용되는 것 같더군요.

그는 놀랍도록 복잡한 캐릭터입니다. 어떤 면에서는 평범한 사람처럼 묘사되지만, 사실 그는 평범하지 않습니다. 그가 죄책감을 느끼고 자존감을 유지하는 방식은 매우 독특해요. 이야기가 시작되기 전부터, 미키가 자신의 삶을 바라보는 방식은 흥미롭습니다. 내가 분석하기로 그는 처음부터 꽤나 이상한 인물이었어요."

미키라는 인물을 해석하면서 패틴슨은 그의 목소리가 어떨지까지 고민하게 되었다. 봉 감독은 그가 어떤 방향으로든 자유롭게 해석할 여지를 주었다. 적어도 어느 정도까지는.

"처음에는 캐릭터를 〈잭애스〉의 스티브 오처럼 만들고 싶다는 생각에 집착했습니다. 몇 년 전에 스티브 오의 인터뷰 기사를 본 적이 있었는데, 〈잭애스〉의 첫 시즌에서 위험하지 않은 스턴트에는 50달러, 위험한 스턴트에는 100달러를 받았다는 이야기를 하더군요. 그는 자신이 위험하다고 염려하는 것을 남들에게 들키고 싶지 않아서 '저건 위험하지 않으니 50달러에 할게요'라고 말하곤 했다고 합니다. 나는 〈잭애스〉 배우들의 그 기이한 마조히즘을 어떻게

78~79쪽: 영화의 시작(79쪽 위)부터 중간(79쪽 아래), 끝(78쪽)까지 미키17의 다양한 면모를 보여주는 로버트 패틴슨. "미키17이 평생 바보처럼 살아온 것은 아니에요. 선택의 여지가 없었기 때문에 해야 할 일을 했을 뿐이죠. 처음에는 잘 보이지 않지만, 그의 행동에는 나름의 논리가 있어요." 패틴슨은 말한다.

미키 캐릭터에 재미있게 적용할 수 있을지 생각했습니다. 캐릭터 연기 방향을 그렇게 잡은 다음에는 스티브 오의 목소리까지 익혔어요. 스티브 오의 성대모사를 하려고 얼마나 애를 썼는지 아무도 모를 거예요. 그런데 리딩이 끝나고 봉준호 감독이 목소리는 그게 뭐냐고 묻더군요. 〈잭애스〉의 스티브 오에서 영감을 받았다고 했더니 봉 감독이 손톱으로 칠판을 긁는 소리 같다고 했어요. 그래서 '그렇긴 한데… 그래도 해볼까요?'라고 했더니 봉 감독이 '아니요, 하지 마세요'라고 하더군요."

봉준호 감독은 로버트 패틴슨이 정말 세심하고 꼼꼼하게 캐릭터를 준비했다고 말한다. "내가 상상도 하지 못했던 멋진 디테일과 아이디어를 정말 많이 보여줬고, 촬영장에서 날 매우 행복하게 해줬어요… 그는 정말 훌륭하게 캐릭터를 완성해 냈습니다. 캐릭터를 묘사하며 보여준 미묘한 감정 표현이나 표정들은 그의 이전 영화에서는 볼 수 없었던 아주 새로운 모습이었죠."

미키는 어떤 분야의 전문가가 아니다. 그는 삶이나 죽음, 사랑이라는 수수께끼를 풀지 못한다. 그는 그저 미키 반스일 뿐이며, 자신의 이야기를 풀어내는 화자로서 이를 잘 아는 듯하다.

"내레이션을 녹음하면서 깨달은 사실은 미키가 자신이 SF 영화 속에 있다는 사실을 전혀 모른다는 것이었습니다." 패틴슨은 말한다. "인간 프린팅에 관해 설명하는 부분을 어떻게 표현해야 할지 촬영이 끝나고 나서야 깨달았어요. 과학적인 내용을 설명할 때마다 마치 뭐든 다 안다는 듯이 친구들에게 허세를 부리는 사람처럼 연기하려고 했어요. 정작 자기가 무슨 말을 하는지 전혀 모르면서 말이죠. 사람들이 하는 말을 어깨너머로 주워들은 청소부 같달까요. 들을 때는 관심이 없었지만, 뉴스에 나와 주워들은 말을 인용해 인터뷰하는 청소부처럼 보이고 싶었습니다. 똑똑한 척하려고 애쓰지만 사실은 자기가 무슨 말을 하는지 전혀 모르는 사람처럼 말이죠."

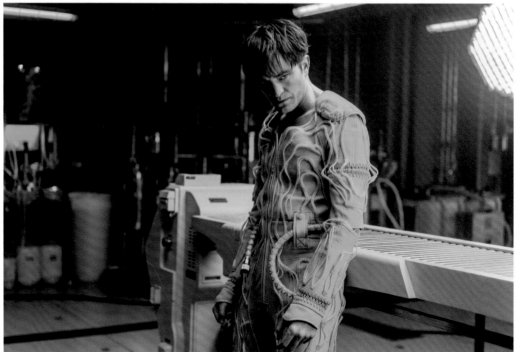

미키18

미키17은 이야기의 절반에 불과하다. 나머지 절반은 미키18이다. 인간프린터로 재생산된 미키와 그다음 미키가 완전히 똑같을 거라고 당연하게 여길 수도 있다. 하지만 삶은, 심지어 기계로 만들어진 삶이라도 그렇게 단순하고 깔끔하지 않다. "미키18을 연기할수록 미키17의 억압된 자아가 모두 드러나는 것 같았습니다." 패틴슨은 설명한다. "그는 자신의 몸을 더 편안해하고 스스로를 의심하지도 않아요. 미키18은 등장한 지 약 서른여섯 시간 만에 미키17과 18, 두 사람의 삶 모두를 거의 망가뜨립니다."

패틴슨은 두 사람의 차이를 얼마나 강조할 것인가를 고민했다. 두 사람은 동전의 양면처럼 정반대일까? 단순히 스토리를 위해서뿐만 아니라 관객을 위해서도 캐릭터를 뚜렷하게 구분할 필요가 있었다. "대부분의 경우에서 그렇듯, 시작할 때와는 방향이 달라졌습니다." 패틴슨은 설명한다. "처음에는 미키17과 미키18을 매우 다르게 연기했어요. 바늘구멍에 실을 꿰는 것처럼 아주 정교하게 두 연기 사이에서 적당한 선을 조율해야 했죠. 두 사람이 완전히 다를 수는 없으니까. 그랬다간 이야기 속 우주선에 탄 모든 사람들이 '쟤가 갑자기 왜 저런 목소리를 내지? 왜 평소랑 걸음걸이가 다르지?' 하며 의문을 품게 될 테니까 말이죠."

미키17과 18을 완전히 정반대의 캐릭터로 바꾸는 대신, 패틴슨은 두 버전 사이에서 미묘한 변화를 줄 방법을 찾아냈다. 이 작업은 후반 작업과 ADR(자동 대화 대체) 과정에서도 계속되었다.

"다양한 억양으로 여러 가지 실험을 하느라 편집자들을 미치게 만들었던 것 같아요. 나는 계속 'ADR에서 고칠게요'라고 말하곤 했습니다. 미키17은 거의 매 순간 완전히 불안에 휩싸여 있어서 자연스럽게 목소리 톤도 더 높았어요. 미키18은 좀 더 정신이 또렷하고 여유로워서 약간 느낌이 다르죠. 봉 감독은 18이 영화 〈파고〉의 피터 스토메어 같아야 한다고 했습니다."

패틴슨과 봉준호 감독은 촬영 기간 내내 함께 이 캐릭터를 탐구하고 계속해서 만들어 갔다. 봉 감독은 이렇게 설명한다. "사실 미키17은 내가 예상하고 상상했던 것과 완전히 똑같았습니다. 하지만 미키18은 내가 대본을 쓰며 그의 대사와 행동을 묘사할 때 상상했던 것과 미묘하게 달라졌어요. 로버트 패틴슨은 제 생각을 뛰어넘는 색다른 모습을 보여줬습니다. 정말 감사하게 생각해요."

미키18은 실수로 태어났다. 비록 태어나지 말았어야 할 존재지만, 그는 자신도 삶을 누릴 자격이 있다고 생각한다. 그가 어딘가 불만스러워 보이는 이유도 이 때문이다. "대본에서는 그가 엄청나게 화가 난 것처럼 묘사되어 있었는데, 그 이유가 궁금하더라고요." 패틴슨은 설명한다. "그가 출력될 때 기계

가 약간 고장 나있었는데, 무슨 일이 일어났던 걸까? 치아가 약간 잘못 프린트된 것 외에 말이에요.

출력 과정에서 그의 전두엽 피질이 약간 손상됩니다. 그래서 억제력이 조금 떨어졌고, 충동 조절이 잘 안 돼요. 그는 자신에게 일어난 여러 가지 사건들로 느껴지는 분노를 받아들이고 참기보다는 적극적으로 표현합니다. 마치 짐 캐리 영화 〈마스크〉와 비슷해요. 저도 그런 식으로 연기했습니다. 〈마스크〉보다는 〈라이어 라이어〉에 더 가까운지도 모르겠네요. 조금 이상하게 들릴 수도 있는데, 마치 여러분과 똑같은 모습을 한 도깨비 혹은 도플갱어가 여러분의 모든 비밀을 떠벌리고, 하고 싶었던 모든 일을 몰래 해버리고, 되고 싶은 모습의 사람이 되는 겁니다."

완전히 다른 두 캐릭터를 연기하기 위해 로버트 패틴슨은 육체적으로나 정신적으로 엄청난 몰입과 집중력을 발휘했다. 그가 최대한 쉽고 효과적으로 작업할 수 있도록 의상, 헤어, 메이크업, 시각효과팀은 물론 그와 리허설 및 촬영을 함께 할 대역 배우도 발을 벗고 나섰다.

"로버트 패틴슨은 긍정적인 의미에서 매우 야심 차고 야망 있는 배우였습니다. 그가 맡은 역할은 정말 쉽지 않았습니다. 미키17과 18을 흥미롭게 대비시켜야 했어요. 심지어 한 프레임 안에서도 미묘한 뉘앙스와 대조를 표현하면서 두 캐릭터의 차이를 드러내야 했습니다."

_봉준호

82쪽: 영화의 클라이맥스에서, 그의 미래와 행성의 미래가 걸린 임무를 위해 무장을 한 채 니플하임으로 내려갈 준비를 하는 미키18.

"미키18은 시나리오를 쓰는 동안
상상했던 것보다 입체적인 캐릭터가
됐습니다. 로버트 패틴슨이 내게
큰 선물을 준 셈이에요."

_봉준호

84쪽 왼쪽: 봉준호 감독의 또 다른 스케치. 특유의 표현력과 명확한 연출이 돋보인다.

84쪽 오른쪽, 85쪽: 스토리보드가 완성된 영화에 어떻게 반영되는지를 보여준다. 스토리보드는 영화의 흐름부터 연출까지 모든 요소에 필수적이며, 캐릭터의 감정선뿐만 아니라 조명 같은 실질적인 요소도 고려하고 있다. 배우와 스태프 모두를 위한 지침서인 셈이다.

"제 대역은 샘 우드햄스가 맡았습니다." 패틴슨은 말한다. "훌륭한 대역이었어요. 그는 처음부터 리허설에 참여했고, 우리는 마치 둘 다 미키 캐릭터를 연기할 것처럼 봉준호 감독과 많은 이야기를 나눴어요. 정말 큰 도움이 됐습니다. 그는 또한 정말 훌륭한 배우이기도 해요. 우리는 다양한 방식으로 동선을 맞췄어요. 내가 두 미키 중 하나만 연기할 것처럼 리허설을 하면서 다른 미키를 연기하는 샘에게 영감을 얻기도 했고요. 두 캐릭터를 번갈아 연기하며 어떤 스타일이 가장 적절한지 연구하기도 했습니다. 가장 힘들었던 건 촬영을 시작하기 전에 어떻게 연기할지 분명하게 정해둬야 한다는 점이었어요. 어떻게 하기로 결정했든 카메라 앞에서는 리허설대로 연기해야 했고, 샘이 했던 동작까지 그대로 모방해야 했거든요. '시장에 가면' 게임을 몸으로 하고 있는 기분이었죠."

댄 글래스는 두 사람의 연기를 일치시키고 후반 작업이 원활할 수 있도록 현장에서 디지털 작업을 지원했다. 그는 80일이라는 촬영 기간 동안 패틴슨이 연기적으로 어떤 성과를 일궜는지에 대해 다음과 같이 회상한다.

"샘 우드햄스는 로버트 패틴슨의 연기를 끊임없이 배우려고 노력했습니다. 촬영하는 동안 캐릭터가 점점 발전하고 변하는 와중에 성격도, 행동도 다른 두 캐릭터를 동시에 연기하는 건 정말 어려운 일입니다. 촬영 중에 시각효과 작업을 위해 '먼저 미키18을 연기해 주세요, 이번에는 17을 연기해 주세요' 하며 갑작스러운 요구를 할 때도 있었어요. 그럴 때마다 어떻게 그렇게 각각의 캐릭터를 완벽하게 연기해 내는지… 정말 인상적이었습니다."

보온슈트

니플하임의 가혹한 표면을 탐사할 때, 식민지 개척 희망자들은 특별히 설계된 보온슈트를 착용한다. 하지만 그들이 최초로 니플하임에 착륙했을 때, 미키는 프린터에서 출력된 인간으로서 우주복을 입은 채 첫걸음을 내디딘다. 이 중요한 의상을 디자인하기 위해 캐서린 조지는 과거 SF 영화들을 참고하는 한편, 우주를 다룬 전 세계 프로그램들을 조사했다. "이전에 작업했던 영화에서 다양한 우주복 스타일을 연구했던 경험이 있어서 그때 연구했던 내용을 이번에도 참고할 수 있었습니다. 저는 NASA와 러시아 우주 프로그램의 접근 방식이 완전히 상반된다는 점을 깨닫게 되었습니다. 미국의 이미지를 중시했던 NASA는 현대적이고 세련된 디자인에 중점을 둔 반면, 러시아는 미적인 요소보다는 기능성을 우선시했습니다.

보온슈트은 내부 구조를 드러내는 방식으로 디자인하고 싶었습니다. 난방 시스템이 외부에서 보이도록 설계했죠. 프로덕션 디자이너 피오나 크롬비도 이 아이디어를 세트 디자인에도 반영하기 시작했어요. 모든 배관과 배선을 노출시키기로 한 거죠. 모든 것을 숨겨 깔끔한 외관을 만드는 대신, 이렇게 드러내는 콘셉트를 구현해 내는 과정이 매우 재미있었습니다.

재단사인 앤드루 카트라이트와 저는 인체 모형 위에 주요 동맥을 따라 봉제선을 넣기로 했고, 앤드루는 봉제선을 따라 난방 파이프를 달 수 있도록 고정 장치를 달았습니다. 제작하기 매우 복잡한 의상이었어요. 다행히 정말 뛰어난 기술자들로 이루어진 팀과 함께 작업할 수 있었습니다.

의상 감독인 댄 그레이스와 저는 우주복을 자체 제작하기로 결정했습니다. 이번에도 앤드루는 이 어려운 과제를 매우 즐겁게 받아들였고, 복잡한 우주복을 정교하게 만들어 냈습니다. 헬멧은 FBFX에서 제작했는데, 그들은 우주복과 곡면 처리된 유리 제작의 전문가이지요. 헬멧 가장자리에는 배선이 노출되어 있는데, 팬 같은 필수 요소를 설치하는 데 필요한 장치였습니다. 헬멧 안쪽으로 팬과 배선 그리고 통신 장치를 볼 수 있습니다. 유리에 김이 서리는 큰 문제를 방지하는 데 팬이 매우 중요한 역할을 했죠. 그리고 헬멧 안쪽에 조명 시스템도 추가했습니다. 조명감독이 제어할 수 있도록 했고, 촬영감독에게 검토와 승인도 받았죠. 이 의상을 제작하는 데 협업이 필요한 요소들이 정말 많았습니다."

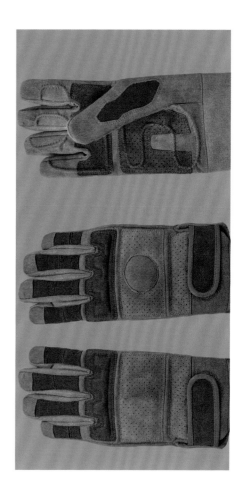

87쪽 오른쪽: 의상팀에서 제작한 미키의 니플 하임 임무용 장갑.

86쪽, 87쪽 왼쪽: 누구도 가기 두려워하는 장소를 탐험하러 갈 때 미키가 입는 보온슈트 디자인. 임무에서 그가 살아 돌아오는지는 중요하지 않다.

우주복

88~89쪽: 미키의 우주복 의상 디자인 및 실제 소품. "우주복은 보통 엄청나게 뜨거워집니다. 다른 영화에서는 안에 냉각 속옷 같은 걸 입기도 하죠. 슈퍼히어로 영화 촬영 때 그렇게 한다고 알고 있어요. 하지만 이번 영화에서는 그럴 필요가 없었어요. 로버트가 너무 더워지지 않았으면 했지만, 촬영 장소였던 카딩턴 스튜디오는 어차피 얼어붙을 만큼 추웠거든요."(의상 디자이너 캐서린 조지)

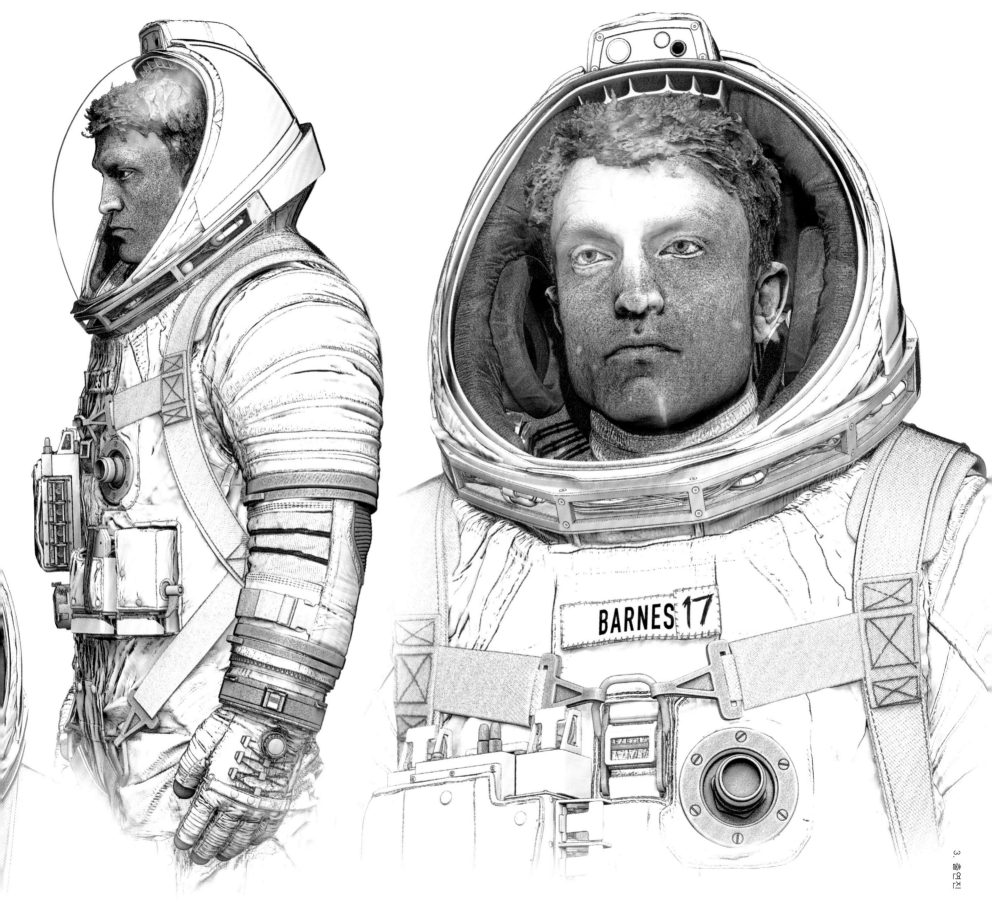

BARNES 17

나샤

나샤 배리지는 엘리트 승무원이다. 그녀는 우울하고 절망적인 미키의 삶에서 한 줄기 빛과도 같다. 나샤와 미키의 관점에서 다른 사람들은 모두 '멍청이들'이다.

니플하임까지의 여정에는 우주선 안에서 엄격한 규칙들이 존재하는데, 소중한 칼로리를 낭비하는 섹스를 금지하는 것도 그중 하나다. 여정 중에 서로를 만난 미키와 나샤는 자신이 다른 사람들과 다르다는 느낌을 공유하게 된다. 필연적으로, 시간이나 에너지 낭비 없이 그들은 함께 밤을 보내게 되고, 둘 사이의 연결은 더욱 확고해진다. 니플하임에 도착한 미키와 나샤의 관계는 미키18이 등장하면서 시험에 든다.

나샤 역은 영국 배우 나오미 애키가 맡았다. "봉준호 감독이 억양을 쓸지 말지 선택권을 줬어요. 나는 영국인으로 보이고 싶었어요. 내가 영국인이니까요. 더 많은 영국 배우들이 자기 억양으로 연기하는 모습을 스크린에서 보고 싶었는데, 이번 영화는 그렇게 할 수 있는 좋은 기회였어요. 바로 전까지 미국식 억양으로 영화를 찍었고 물론 그 영화도 좋았지만, 모국어로 말할 수 있게 되니 정말 기분이 좋았어요."

억양에 신경 쓸 필요가 없게 된 애키는 스턴트 작업에 더욱 집중했다. 나샤 역을 하려면 몸을 많이 써야 했고, 몇몇 주요 장면에서는 격투 기술도 필요했다. 애키는 그런 장면을 직접 소화해 냈다.

"가장 중요한 건 기본적인 격투 기술을 익히는 것이었어요." 애키는 설명한

다. "스턴트팀과 함께 총을 사용하는 방법과 주짓수, 유도의 기본 동작을 연습하면서 격투기의 기본을 확실히 익혔어요. 필요할 때 여러 무술 기술을 조합할 수 있도록 준비하는 과정이었죠. 나샤는 액션 영웅은 아니지만 몸을 잘 써요. 그리고 필요할 때 효율적인 기술을 선택할 줄도 알죠. 모든 것이 자연스럽게 맞아 떨어졌어요. 정말 재미있게 촬영했습니다. 그래플링이나 엎어치기 같은 기술들을 연습했는데, 정말 최고였어요. 너무나 즐거웠어요.

나중에는 주짓수 도복까지 받았습니다. 훈련할 때 입으라고 주더라고요. 고난이도 동작 하나만 빼고 나머지는 내가 다 해냈어요. 그 동작은 아마 1년 내내 아무리 훈련해도 못할 거예요. 그래서 스턴트 대역인 조이가 나를 대신했어요. 서커스 훈련을 받은 경험이 있는 그녀는 그 동작을 잘 해냈고, 정말 대단했어요. 그 멋진 액션을 내가 해낸 거라고 말할 수 있으면 좋았겠지만. 어쨌

든 그 동작만 빼면 저도 거미원숭이처럼 날렵했던 것 같아요."

나샤는 강인하고 추진력이 강한 인물이다. 열정적이고, 옳고 그름에 대한 분명한 신념을 지니고 있어 미키를 지키고, 크리퍼들을 위해 싸우며, 궁극적으로 자신의 운명을 개척한다. 헤어, 메이크업, 의상은 이러한 나샤의 행동과 분위기를 표현하는 데 중요한 역할을 했다. 나오미 애키는 몇 가지 간단한 기법을 통해 나샤라는 캐릭터의 동기와 신념을 보다 뚜렷하게 보여줄 수 있었다고 회상한다.

"아주 일찍부터 머리를 땋기로 결정했어요." 애키는 회상한다. "긴 머리를 고수해야 한다면 머리를 땋아야겠다는 생각이 들더라고요. 가장 쉽게 스타일을 유지할 수 있잖아요. 아침에 일어나서 따로 매만질 필요 없이 그냥 하나로 묶고 나가면 되니까. 나샤 캐릭터와 내 스타일이 일맥상통하는 것 같아 재미있었어요. 스타일리스트인 샤론은 놀라운 실력을 발휘해 줬어요.

봉준호 감독은 처음부터 이 아이디어를 좋아했고, 일이 쉽게 풀렸죠. 덕분에 매일 머리를 손질할 일이 없어 너무 편했어요. 나샤가 입는 의상은 총 세 가지 정도 돼요. 가장 많이 입는 옷은 보안요원 의상이에요. 방탄조끼와 카고팬츠, 장화, 총을 넣을 수 있는 권총집을 착용하고 나면 걸음걸이부터 달라지는 느낌이었어요. 자신감이 생긴달까. 그런 장비를 착용하다니 정말 근사했어요. 다른 사람들과 다른 옷을 입고 걸으려니 약간 으스대게 되더라고요."

실제로 이 영화에서 나샤와 비슷한 사람은 없다. 그녀는 우주선에서 자신만의 이야기를 가진 인물이며, 다른 사람들과 동떨어진 느낌을 받는다. 이로써 미키와의 유대가 더욱 깊어지게 된다. "대본에서 정말 마음에 들었던 점은 나샤라는 캐릭터가 성장해 나가는 모습이었어요." 애키는 이 점을 강조했다. "그녀는 약간 방랑자 같은 인물이에요. 미키를 사랑하면서도 즐기고 싶어 하죠. 무언가로부터 벗어날 목적으로 이 여정을 선택하지는 않았지만, 지구에서 만족스럽지 못한 것이 분명 있었어요. 하지만 그녀는 리더가 되겠다는 생각은 해본 적이 없어요. 나샤는 단호하고, 친절하고, 열정적이며, 즐길 줄도 압니다. 리더가 될 수 있는 모든 자질을 갖춘 셈이죠… 나는 나샤를 사랑해요. 봉준호 감독이 그린 나샤는 정말 매력적이고 흥미롭습니다. 연기하기에 재미있었던 캐릭터인 만큼, 보는 것도 재미있었으면 좋겠어요."

나샤는 미키와 함께 등장하는 장면이 많다. 그래서 애키와 패틴슨은 처음부터 친밀하고 어려운 감정 연기가 포함된 장면들을 함께 촬영했다.

"첫 촬영 때 나샤라는 캐릭터에게 매우 중요한 장면을 찍었어요. 미키를 위해 싸우는 장면이었는데, 나는 죽어가는 미키를 위로해야 했어요. 비명을 지르며 실험실로 들어가 미키의 방호복을 벗긴 다음 로버트 패틴슨과 함께 이상하게 생긴 유리방 안에 들어가서 죽는 척하는 그를 달래야 했죠." 애키는 웃으며 덧붙였다. "난 내 일이 정말 좋아요!"

열여덟 번째 미키의 등장은 전체 줄거리와 미키의 이야기의 발단일 뿐만 아니라 나샤와 미키의 관계를 예상치 못한, 한편으로 어쩌면 예상 가능한 방향으로 이끈다. "두 명의 미키와 셋이서 색다른 관계를 시도해 보려는 장면도 있어요. 나샤는 자유분방한 여자니까 논리적으로 말이 안 될 것도 없죠. 파트너가 두 명이 생겼는데 그런 생각을 안 해봤다면 거짓말일 거예요. 그런 생각을 하는 게 저뿐인가요?"

92~93쪽: 나샤라는 캐릭터가 어떻게 발전되었는지를 보여주는 최종 의상 디자인 시안. 나오미 애키는 이렇게 설명한다. "나샤는 스스로를 몰아붙이지 않아요. 그런데 놀라운 점은 그녀가 자신도 모르게 니플하임의 새로운 리더가 되어 그 책임을 맡게 된다는 거예요. 굉장히 자연스러운 흐름이죠. 의상 측면만 봐도 그녀는 앞으로 나아가고 있어요. 머리를 묶어서 조금 더 진지하게 보이지만, 원래의 에너지는 여전히 유지하고 있죠. 그러한 캐릭터의 변화를 확연하게 느꼈어요."

카이

봉준호 영화에 등장하는 모든 캐릭터가 그렇듯, 카이 역시 단순한 인물이 아니다. 그는 임무를 수행하는 정보요원이면서 동시에 미키에게 동정심을 보인다. 사랑과 신뢰를 줄 수 있는 인물이지만 결정적인 순간에 나샤를 배신한다. 마샬은 영화 속에서 그녀를 '세련된 혈통. 흠잡을 데 없는 유전자… 최적의 신체 표본'이라고 설명한다.

제작진은 2021년 개봉한 〈레벤느망〉에서 뛰어난 연기로 미국 관객들에게 이름을 알린 아나마리아 바토로메이를 카이 역에 캐스팅했다. 이 영화는 2021년 베니스 영화제에서 본상인 황금사자상을 수상했다. 당시 심사위원장이 봉 감독이었고, 바토로메이와 봉 감독이 처음 만난 것도 바로 이 영화제에서였다. "그래서 서로를 어느 정도 알고 있었죠. 한 번 만난 사이여서 잘 알지는 못했

지만 공통점이 있었어요… 사실 조금 두려웠어요. 배우들은 가끔 어떤 인물이나 감독에게 감명을 받으면 배우로서 '아, 내 모습 그대로를 보여주고 싶은데, 너무 부끄러워하면 안 되고, 균형을 잘 찾아야 하는데'라고 생각하게 됩니다. 그는 정말 즉흥적이고 유쾌한 사람이고, 주변 사람들을 편안하게 해줬어요. 그에게서 느껴지는 에너지도 참 좋았습니다. 예를 들어 촬영장에 와서 그에게 노래를 불러주면 웃으면서 안아줍니다. 그리고 나서 새로운 아이디어 같은 것들을 제안해요. 정말 멋진 감독님이에요."

봉 감독의 대본은 배우들에게 캐릭터의 다양한 면을 연기하는 즐거움을 선사한다. 바토로메이 역시 매력적이고 유쾌하고 지적이면서 어쩐지 미심쩍기도 한 카이라는 캐릭터의 서사에 매료되었다. "내 캐릭터에서 흥미를 느끼고

마음에 들었던 점은 바로 그녀의 신비로움이었어요." 그녀는 말한다. "우리는
카이에 대해 잘 알지 못하고, 그녀는 다른 사람들과는 좀 다른 구석이 있어요.
내가 그런 뉘앙스를 살릴 수 있다고 생각했고, 봉준호 감독은 그 역할을 완벽
하게 지원해 줄 최고의 파트너였어요."

　봉준호 감독은 연출, 속도감, 분위기, 미장센의 대가일 뿐만 아니라 배우의
잠재력을 최대한 끌어내는 감독이기도 하다. 이는 캐릭터를 중심으로 이야기
가 전개되는 그의 전작들에서 이미 증명되었지만, 〈기생충〉이 비영어권 영화
로는 최초로 미국배우조합상 최고 영예인 영화 부문 앙상블상을 수상하면서
더욱 부각되었다. 그는 촬영 현장에서 가족 같은 분위기를 조성하며 출연진과
제작진 모두를 똑같이 중요하게 여기고, 이들은 모두 헌신적으로 작업에 참여
한다. 2021년 베니스 영화제는 〈미키17〉을 함께 만들어 나갈 가족을 찾는 첫
걸음 중 하나였고, 이때 바토로메이뿐만 아니라 〈레벤느망〉에 출연했던 아나
무글라리스 역시 봉 감독에게 캐스팅되었다. 그녀는 봉 감독의 다음 영화에서
매우 독특하고 중요한 역할을 맡게 될 예정이다.

94~95쪽: 카이의 콘셉트 아트와 영화 스틸
컷. 관객들이 그녀에게 던질 핵심 질문은 다음
과 같다. 카이는 뭘 원하는가? 우리는 그녀를
신뢰할 수 있는가?

티모

96쪽: 화려한 수상경력을 보유한 배우 스티븐 연의 클로즈업 사진. 그가 연기하는 티모는 '진정한 생존자'라 할 수 있다.

97쪽: "잘 죽고, 내일 보자!" 정신없이 흘러가는 상황 속에 주변 인물들과의 관계 역시 시시각각 변하지만, 티모는 꿋꿋이 살길을 찾는다.

티모 같은 친구가 있다면, 원수가 따로 필요할까?

이야기의 시작점에서 티모와 미키는 큰 곤경에 처해있다. 다리우스 블랭크라는 사채업자에게 빚을 졌기 때문이다. 돈을 갚지 않으면 고문을 당하거나, 몸 어디 한 부분이 잘리거나, 목숨을 잃을 위기에 처한 두 사람은 사채업자에게서 도망쳐 니플하임 임무에 자원한다.

처음에는 미키와 티모가 한 팀처럼 보인다. 티모와 미키는 함께 오랜 시간을 보내며 산전수전을 겪은 절친한 사이지만, 티모는 궁극적으로 한 사람, 자기 자신만을 생각한다. 그가 중요하게 생각하는 존재는 오직 자신뿐이다. 티모의 조언에 따라 미키는 '익스펜더블 프로그램'에 지원한다. 훗날 미키는 이 결정을 뼈저리게 후회하게 된다.

우주선에 안전하게 승선한 티모는 늘 그랬듯 상황을 자신에게 유리하게 만들 방법을 찾는다. 그는 쉽게 돈을 벌 방법을 발견하면 우선 그 기회를 잡고, 뒷일은 나중에 생각하는 인물이다.

티모 역을 맡은 스티븐 연은 캐릭터를 이렇게 묘사한다. "티모는 생존자입니다. 고아로 자란 그는 스스로 인생을 개척해 나가는 인물이에요. 그러는 동안 어쩌면 나쁜 습관 몇 가지가 몸에 배었을 수도 있을 겁니다. 그는 모든 면에서 생존주의적이죠. 사회가 만든 시스템 밖에 살며 끊임없이 시스템을 이용할 궁리를 합니다. 그는 우주선 안에서 꽤 안락한 삶을 찾은 것처럼 보이지만, 그 안락함이 얼마나 오래 지속될지는 지켜볼 일입니다."

스티븐 연은 대중영화와 독립영화를 균형 있게 오가며 사랑받고 있는 한국계 배우다. 그는 또한 아카데미상 후보에 올랐던 배우로, 봉준호 감독과는 〈옥자〉에서 함께 작업한 적이 있다. 〈옥자〉에서 스티븐 연이 연기한 캐릭터 역시 자신의 목적을 달성하기 위해 다소 미심쩍은 선택을 했었다. 봉준호 감독과 다시 한번 작업할 기회가 왔을 때, 그는 망설이지 않았다. "크게 고민할 필요가 없었습니다. 봉준호 감독을 너무 좋아하니까요."

미키는 영화에서 몇몇 인물과 중요한 관계를 맺는다. 나샤, 카이 그리고 자신과의 관계. 하지만 그와 가장 오랫동안 관계를 맺은 인물은 티모다. "티모는 미키에게 형과 같은 존재입니다." 스티븐 연은 말한다. "두 사람은 같은 보육원에서 자랐고, 티모는 미키를 자신과 연결될 수 있는 존재, 아마도 더 이상 혼자가 아니라고 느끼게 해주는 존재로 생각하는 듯해요. 두 사람은 서로에게 의존하고 있지만, 그 관계가 미키에게 이득이 되지 않을 때가 많습니다."

예를 들어 두 사람이 니플하임 임무에 합류했을 때 미키는 소모품이 된 반면, 티모는 파일럿이 되었다. 스티븐 연은 그가 '잔꾀를 부렸다'고 묘사한다.

티모는 늘 자신을 우선시하는 인물이며, 이러한 캐릭터를 연기하기 위해 스티븐 연은 티모의 시선으로 여정을 다시 바라보고 공감과 현실감을 끌어내는 데 집중했다.

"그는 모든 사람이 생각하는 것의 총합이면서 동시에 그렇지 않기도 합니다." 스티븐 연은 말한다. "그는 다른 사람들에게 자신이 특정한 방식으로 투영되고 있다는 것을 이해하면서도 완전히 다른 방식으로 자신의 존재에 의미를 부여할 수 있는 회색 지대에서 살아가고 있어요. 나는 그의 이런 모습이 현실 세계의 우리와도 많이 닮아있다고 생각했어요."

우연히도, 우주선에서 티모가 느끼는 감정은 스티븐 연이 〈미키17〉을 촬영하며 느낀 감정과 어느 정도 닮아있었다. 그는 다음과 같이 설명한다. "나는 다른 사람들과는 조금 다른 이상한 경험을 한 것 같습니다. 2주간 촬영하고 한 달을 떠났다가, 다시 2주간 촬영하고 한 달을 떠났다가, 마지막 촬영을 위해 다시 돌아왔거든요. 그게 티모의 삶과 비슷하게 느껴졌어요. 어느 정도 외부인이면서 자기만의 세계에 고립된 느낌이랄까."

티모는 다른 캐릭터들과 마찬가지로 삶이라는 여정을 더듬더듬 헤쳐 나가는 중이다. 영화 초반에 그는 미키1에게 "죽는다는 게 어떤 기분이냐?"고 묻는데, 이 장면에서 티모는 미키의 상황을 가볍게 여기는 동시에 그를 소모품으로 여기는 태도를 보여준다. 그렇게 함으로써 티모는 자신이 친구에게 하는 행동을 정당화하고, 스스로에게 면죄부를 준다.

티모의 스타일을 통해 조지는 그를 장난기 많은 책략가로 묘사했다. "스티븐은 이 능글맞고 변덕스러운 캐릭터를 탐구하는 데 정말 몰입했어요." 그녀는 설명한다. "그는 다양한 모습을 가지고 있어서 그의 파일럿 유니폼을 디자인하는 것은 까다로운 과제였습니다. 그래서 초창기 비행복들을 연구했고, 파일럿 슈트가 어떤 구조로 열을 유지하는지도 연구했습니다."

"최고로 멋진 유니폼을 입게 됐습니다." 연은 말한다. "캐서린 조지가 나를 위해 만들어 준 파일럿 유니폼은 정말 멋졌습니다. 봉준호 감독은 디테일과 몰입감을 중요시해요. 나는 촬영 현장에 들락날락했지만, 현장에 와서 세트장 안으로 들어오면 '아, 다시 티모가 됐구나' 하는 느낌이 들어 좋더라고요. 초록

98쪽: "나는 모든 순간을 세세히 따져가며 특정한 방식으로 표현하려고 하진 않습니다. 봉 감독의 작업 방식에서 멋진 점은, 스스로에게 '이 순간의 이 프레임이 이 인물과 이야기 속 현실 그리고 벌어지고 있는 사건에 대해 무엇을 전하는가?'라는 질문을 한다는 거죠. 나는 그저 그 순간에 일어나는 일을 표현할 뿐이고요. 그렇게 모든 것을 맡기다 보니, 그게 참 좋더군요."(스티븐 연)

99쪽: "네 마음을 들여다 봐", 티모와 미키의 관계의 핵심이 되는 대사다. 티모가 미키에게 호소하는 것처럼 보이지만 궁극적으로 그들의 관계는 티모의 이익만을 위한 관계다.

색 크로마키 스크린 앞에서 연기하는 게 아니어서 상상하기가 어렵지 않았습니다. 티모 역을 연기하면서 그가 사회적 서열로 자신의 진짜 모습을 숨긴다는 점이 굉장히 흥미로웠어요. 그는 항상 변장을 하고 있었습니다. 그의 플리터 파일럿 슈트도 하나의 변장입니다."

〈미키17〉에는 스티븐 연뿐만 아니라 베테랑 배우 스티븐 박도 우주선의 보안요원 지크 역으로 출연한다. 지크는 겉으로 보기에는 마샬의 편에 서있는 듯하지만, 따뜻한 마음을 가지고 미키를 인간으로 바라보는 몇 안 되는 캐릭터 중 하나다.

스티븐 박 역시 미국에서 태어난 한국계 배우로 스파이크 리, 코엔 형제, 웨스 앤더슨 등의 감독들과 함께 작업하면서 영화와 TV에서 오랫동안 인지도를 쌓아왔다. 봉준호 감독과는 〈설국열차〉에서 후유 역으로 만난 적이 있다. 두 배우가 〈미키17〉에 출연하게 된 것은 봉준호 감독에게는 물론, 한국계 배우들과 그 팬들에게 의미 있는 사건이다.

최두호 프로듀서는 다음과 같이 전했다. "두 사람은 같은 장면에 등장할 뿐만 아니라 한 프레임 안에 함께 담겼습니다. 정말 센스 있는 장면이었어요."

마샬

영화에서 케네스 마샬은 성공을 거두지 못한 미국 하원의원으로서 현실을 애써 외면한 채 자신이 성공한 사람이며 사랑받는 존재라 믿는다. 고립주의자의 전형이라 할 수 있는 마샬은 열렬한 종교적 지지자들의 도움으로 우주 탐사 자금을 마련했다. 그의 마음속에서 그 자신은 새로운 세상을 개척하는 대담한 리더다.

마크 러팔로는 니플하임 탐사 임무를 이끄는 대담한 리더 케네스 마샬을 연기한다. 그는 에미상, 그래미상, 오스카상, 토니상 모두에서 후보에 오르거나 수상한 몇 안 되는 배우 중 한 명이며 영화계에서 찬사를 받는 배우다. 브루스 배너 역을 연기했던 기록적인 블록버스터 〈어벤져스〉부터 데이비드 핀처, 요르고스 란티모스, 마이클 만, 리사 촐로덴코, 마틴 스코세이지의 감성적인 드라마까지 여러 장르를 자유롭게 넘나들며 활약하고 있다.

"봉준호 감독이 LA에서 〈기생충〉 시상식에 참석했을 때 우연히 그 자리에 함께 있었습니다." 러팔로는 회상한다. "나는 봉준호 감독에게 그의 제작 스타일이 너무 마음에 든다고 말했고, 함께 작업해 보고 싶은데 미팅을 할 수 있는지 물었습니다. 그러자 그 역시 내 작품을 좋아한다고 하더군요. 몇 년 후, 이 영화에 나를 캐스팅하고 싶다는 전화를 받았습니다."

러팔로는 마샬을 폭군으로 묘사한다. "그는 잔인하고, 쩨쩨하고, 배타적이며, 엘리트주의자이자 인종차별주의자이기도 해요. 세상이 자기를 중심으로 돌아간다고 생각합니다. 그런 모습을 보이는 이유는 그의 내면 깊숙한 곳에서 자신이 아무것도 아닌 것처럼 느끼기 때문이죠."

은하계 저편 행성에서 식민지 전체의 목숨이 달린 임무를 이끌 리더를 자처할 인물이라면, 게다가 착륙한 후에 스스로를 왕이라 칭하는 인물이라면 당연히 어느 정도의 자만심을 가지고 있으리라 예상할 수 있다. 하지만 러팔로에 따르면 마샬은 그보다 훨씬 거대한 망상을 품고 있다.

"그는 매우 성공한 미국 정치인의 아들입니다." 러팔로는 말한다. "위대한 가문 출신이지만 재능도, 매력도 없어요. 마치 도널드 트럼프 주니어 같은 사람으로, 아버지의 후광 아래 살아가지만 진짜 재능이나 능력은 찾아볼 수 없는 인물이죠. 하지만 거짓말과 속임수, 혈연 덕분에 식민지 개척선의 지휘관이 됩니다. 그가 맡은 임무가 성공할지 실패할지는 알 수 없어요. 우주선은 거의 폐품에 가깝거든요. 모든 사람이 비참하게 살고 있지만, 그와 그의 아내 일파만큼은 금박으로 치장된 로코코 양식의 저택에서 살아요."

화려함은 모두 겉치레일 뿐이다. 마샬은 얄팍한 인물이다. 허풍과 가식으로 가득 차있으며, 인상적이고 매력적인 겉모습 아래 공허함과 끝없는 불안감을 감추고 있다. 그는 봉준호 감독 작품에 자주 등장하는 캐릭터 중 하나로, 주

"마샬 캐릭터는 원작 소설과
약간 달라졌습니다. 영화에서는
더 강력한 악당이 필요했어요.
그래서 그의 특징을 증폭시켰습니다.
그리고 마샬과 일파가
독특한 커플이길 바랐죠."

_봉준호

변 사람들과 관객에게 자신이 연기하는 모습이나 투영된 버전의 모습을 보여 주는 인물이다. 마샬은 〈설국열차〉에서 에드 해리스가 연기한 '자칭' 구세주 윌 포드, 〈옥자〉에서 틸다 스윈턴이 연기한 방송용 캐릭터 루시 미란도, 〈기생충〉에서 사회에 적응하기 위해 각기 다른 역할과 성격을 연기했던 기택의 가족을 잇는 악당 캐릭터에 속한다.

마샬을 나르시시스트라고 말하는 이도 있을 것이다. 나르시시스트를 임상적으로 정의하면 다른 사람보다 자신의 가치를 더 높게 평가하는 사람이다. 나르시시스트는 다른 사람보다 자신을 중요하게 생각하며, 실제로 인정받고자 하는 욕구가 강하다. "그들은 지극히 자신감 넘치는 것처럼 보이죠." 러팔로는 말한다. "하지만 실제로 그들의 내면은 매우 나약하며 불안감과 회복할 수 없는 상처를 안고 있습니다. 나르시시스트들이 실제 자신의 모습을 직시하게 된다면 아마 정신병에 걸릴지도 몰라요. 영화 속에서 마샬도 어느 순간 이성을 잃습니다. 이야기가 전개되는 동안 그의 정신은 차츰 붕괴되어 갑니다."

마샬 같은 인물이 그렇게 높은 자리까지 오르려면 주변 사람들의 도움이 반드시 필요하다. 그의 측근 중에서 그가 가장 중요하게 생각하는 사람은 아내 일파다. 두 사람은 천생연분이다.

"두 사람의 관계는 정말 기이합니다." 러팔로는 말한다. "일종의 지배-복종 관계라고 할 수 있어요. 그녀는 어떤 면에서 레이디 맥베스 같습니다. 마샬을 아주 철저히 통제하며… 마샬은 그녀에게 계속 확인을 받으려 하죠. 그가 끊임없이 그녀에게 다가가서 속삭이는 모습을 볼 수 있을 겁니다. 그러면 그녀는 그를 격려하거나 그가 뭘 해야 할지 일러줘요. 마샬은 남들 모르게 늘 그녀에게 확인을 받고 있어요. 그들이 뭐라고 속삭이는지 관객들이 들을 수 있을지 모르겠지만 정신없는 상황 속에서도 마샬은 일파의 귀에 대고 무언가를 속삭이고, 그녀는 그에게 뭔가 다시 속삭여 줍니다. 그러면 그는 바로 행동에 나서고요. 그런 장면이 꽤 자주 등장합니다."

캐서린 조지는 일상에서 마샬이라는 캐릭터의 외형을 어떻게 꾸밀지 영감을 얻었다. 그녀는 러팔로, 봉 감독과도 긴밀히 소통했다. "마샬의 경우에는 다양한 실루엣의 정장을 시도해 봤습니다." 조지는 설명한다. "그의 캐릭터에 가장 잘 어울리는 것으로 결정했죠. 봉 감독은 그를 실패자 같은 모습으로 상상했는데, 거의 성공할 뻔했던 한국 정치인을 참고했죠. 그의 행동과 외모는 어딘가 모르게 삐걱거리는 느낌이 있었습니다. 우리는 그런 요소를 마샬의 캐릭터에 반영하려고 노력했습니다.

그는 '유일무이한 존재'를 상징하는 심벌 색으로 만든 파워 슈트를 몇 벌 가지고 있는데, 그 심벌 패턴으로 넥타이를 만드는 작업이 참 흥미로웠습니다. 초기에 봉 감독은 전체에 작은 구멍들이 뚫린 옷감 샘플에 특히 매료됐죠. 우리는 그 천을 활용해 토크쇼용 정장을 제작하는 데 공을 들였고, 유능한 재단사인 시몬 풀너는 각각의 구멍들을 은색 아일릿으로 장식해 주었습니다."

마샬은 단순한 '악당'이 아니라 다양한 면모를 지닌 캐릭터이다. 러팔로는 이전에 맡았던 역할과는 달라서 촬영 초기에 부담을 느끼기도 했다. "그는 자아가 비대한 사이코패스인데, 이제까지 그런 역할은 맡아본 적이 없었습니다. 잘할 수 있을지 확신이 서지 않더라고요. 이런 연기를 해본 적이 없어서 자신이 없었어요. 봉 감독에게 '내가 잘할 수 있을지 모르겠어요'라고 털어놨습니다. 그러자 그는 나를 생각하며 대사를 썼는데 무슨 소리냐고 하더군요."

102쪽 위: 의회에서 연설 중인 마샬.

102쪽 아래: 디너파티 장면을 촬영할 준비를 마치고 자세를 취하는 마크 러팔로.

103쪽: 마샬이 자신의 인생에서 최고점이라고 여기는 장면을 준비하는 마크 러팔로. 장식용 구멍이 뚫린 재킷에 풍성한 헤어스타일을 하고 있다.

104~105쪽: 의상 디자이너 캐서린 조지는 일파의 스타일을 다음과 같이 설명한다. "봉 감독이 일파가 돋보이길 원해서 색상을 자유롭게 사용할 수 있었습니다. 그녀와 마샬이 자신들의 거주구역에 있을 때, 그녀의 의상 톤은 공간과 조화를 이루죠."

일파

마샬이 이 새로운 식민지의 실질적인 대통령이라면 일파는 영부인이다. 그들 머릿속에서 자신들은 훌륭하고, 강인하고, 매력적이며, 늘 옳은 의견을 제시하는 인물들이다. 하지만 현실은 그렇지가 않다.

두 사람은 꼴불견 커플이다. 다른 이들이 보기에 그들은 자기중심적이고 허영심과 망상에 가득 차있지만, 정작 두 사람은 이 사실을 깨닫지 못한다. 교양 있고 세련된 모습을 가장하려 하지만 결코 자신들의 결함을 감추지 못한다. 그들의 결함은 엄청난 파장을 불러일으키고, 먼 행성에 식민지를 이주시키는 허영심 가득하며 인종주의적인 프로젝트가 시작된다.

일파와 마샬은 봉준호 감독의 필모그래피에 빠지지 않고 등장하는 악역의 계보를 잇는 캐릭터들이다. 이들은 권력을 추구하고 다른 사람들에게 자신의 뜻을 강요한다. 자신들이 보고 싶은 대로 세상을 만들려 하고, 다른 사람들에게 미칠 영향 따위는 안중에도 없다. 〈기생충〉에서 보았듯, 이러한 공감 부족은 치명적인 결과를 불러오기도 한다.

"어떤 면에서 일파는 케네스 마샬을 뛰어넘는 인물이며, 새로운 형태의 인종차별을 주도하는 여왕과 같은 존재입니다"라고 봉 감독은 말한다. "역사적으로 악몽 같은 전례를 남긴 정치 지도자와 독재자 그리고 그들의 아내를 한데 합쳐놓은 캐릭터예요. 그녀의 행동거지는 매우 섬세하고 세련됐습니다. 정치적으로 올바른 척하지만 실제로는 그렇지 않아요. 일파야말로 정말 무서운 인간입니다. 물론 약간 과장된 면이 있기는 하지만, 현실 세계에도 그런 인물은 존재하죠."

일파 역은 토니 콜렛이 맡았다. 콜렛은 〈뮤리엘의 웨딩〉(1994), 〈식스 센스〉(1999)에서부터 〈유전〉(2018), 〈나이브스 아웃〉(2019)에 이르기까지 다양한 작품에 출연하며 탄탄한 필모그래피를 쌓아왔다. 그녀가 〈미키17〉이라는 새로운 작품에 합류하게 된 것도 이렇게 다양한 장르를 소화해 낼 수 있는 능력 덕분이었다.

"봉 감독과 화상 미팅을 했는데, 그가 내게 '토니, 우리 둘 다 오랫동안 이 일을 해왔으니 그냥 솔직하게 말할게요. 당신이 내 영화에 출연했으면 좋겠습니다'라고 했어요." 콜렛은 말한다. "맹세컨대 몇 주 동안 웃음을 멈출 수가 없더라고요. 정말 꿈같은 일이었어요.

나는 낯선 세계를 탐험하는 사람들을 존경합니다. 그들은 특정 장르를 고집하지도 않고, 새로운 시도도 두려워하지 않아요. 봉준호 감독은 특정 장르의 영화를 만드는 것처럼 보이지만, 결국 장르의 경계를 넘나들며 다채로운 분위기를 만들어 냅니다. 나는 그 점이 마음에 들어요. 우리 인생도 그렇지 않나요. 그리고 우리는 인간이기에 그런 서사에 흥미를 느낀다고 생각해요. 각자의 삶이 얼마나 고유한지, 얼마나 불안정하고 변덕스러운지 느낄 수 있으니까

요. 우리는 정말 변화무쌍한 존재들이잖아요."

일파와 마샬은 마치 자신이 영화 속 주인공인 것처럼 상상하며 살아간다. 흔히 말하는 '주인공 신드롬'을 앓고 있는 그들은 자신들을 삶의 주인공으로 여기는 한편, 주변 사람들은 모두 조연일 뿐이라고 생각한다. 하지만 이들의 생각과는 달리 관객들이 생각하는 이야기의 중심은 이 혐오스러운 인물들이 아니다.

"두 사람은 나르시시스트 커플이고 서로에게 완전히 빠져있으며, 자신들의 결정이 나머지 공동체에 어떤 영향을 미치는지 전혀 알지 못해요. 아마 안중에도 없을 거예요. 하지만 그 무지함을 용서할 수 있을 만큼 서로에게는 아주 다정하죠. 정말 무시무시한 인물들입니다."

일파의 기벽은 음식에서 엿볼 수 있다. 그녀는 자신의 주방을 세련된 문화 공간으로 여기며 최고급 미식을 찾는 데 열중한다. 영부인에 걸맞은 음식을 찾던 그녀는 베이비 크리퍼의 피를 맛보게 되고, 자신이 찾던 맛임을 깨닫는다. 그리고 뱀파이어들이나 할 법한 말을 망설임 없이 내뱉는다. "꼬리 백 개만 모으면 몇 년 치 크리퍼 꼬리 소스를 만들 수 있겠어!"

"일파라는 캐릭터는 그녀의 스타일을 통해 정의할 수 있습니다." 조지는 말한다. "꿈속 장면에서 그녀는 진한 붉은색 의상을 입고 등장하는데, 이는 그녀 캐릭터의 테마인 '피'와 연결됩니다. 그녀의 의상은 실크, 새틴, 벨벳 같은 고급스러운 소재로 제작되었으며, 분홍색, 산호색, 붉은색 등 여성스러운 색조로 구성되어 매우 호사스러우면서 눈에 띄죠. 그녀는 퍼스트레이디 역할에 완전히 몰입하여 즐기고 있습니다."

촬영
THE SHOOT

세트장

〈미키17〉은 주로 런던 외곽에 위치한 리브스덴의 방음스튜디오에서 촬영되었다. 하지만 상당 부분은 베드퍼드셔주에 있는 카딩턴의 거대한 격납고에서 촬영됐다. 촬영팀은 지구와는 다르게 백색이 끝없이 펼쳐진 외계 행성 니플하임의 모습을 구현해야 했다. 어쩌면 지구에도 그런 장소가 있지 않을까?

"우주선이 착륙할 행성이 얼음 행성이라고 해서 자연스레 아이슬란드에서 촬영하자는 논의가 있었습니다. 아이슬란드는 낯선 자연 환경을 볼 수 있는 곳이니까요." 최두호 프로듀서는 전한다. "하지만 〈프로메테우스〉나 〈오블리비언〉 등 많은 영화가 아이슬란드에서 촬영됐다는 사실도 고려해야 했죠. 봉준호 감독은 니플하임 행성의 모습에 대해 원하는 바가 매우 구체적이었어요. 다리우스 감독과 아이슬란드에 작업팀을 보내 몇 장면을 촬영하자는 논의를 하기도 했지만 비용 문제뿐만 아니라 영화 촬영 시기에 아이슬란드는 초겨울이어서 현실적으로 작업이 불가능했어요. 낮이 네다섯 시간밖에 되지 않는 데다 폭풍우가 불어닥치면 계획들이 전부 연기될 수도 있었습니다."

카딩턴에서는 날씨에 구애받지 않고 완벽하게 통제할 수 있는 그들만의 세계를 만들 수 있었다. 하지만 카딩턴 격납고 안에서 영국의 흐린 하늘과 비를 피한다고 하더라도 그들에게 가장 필요한 요소가 하나 부족했다. 바로 눈이었다. 촬영팀은 도미닉 투오히에게 도움을 청했다. 투오히와 그의 VFX 아티스트팀은 마그네슘 소금 약 300톤을 지면에 뿌려 눈처럼 보이게 만들었다. "아주 훌륭한 방법이었어요. 눈에 남은 플리터 타이어 자국을 구현할 수 있는 데다 염화나트륨은 타이어에 달라붙지 않아서 문제를 일으키지도 않았으니까… 약간 반짝거리기도 해서 신선한 눈처럼 보이기도 했죠." 투오히는 설명한다.

투오히의 팀은 땅 위에 '눈'을 깔았을 뿐만 아니라 눈보라를 만들기도 했다. "눈보라는 인공눈거품과 플라스틱을 조합해 만들었습니다." 최 프로듀서가 덧붙인다. "장단점이 있어요. 눈거품은 강풍기에 통과시키면 소용돌이치며 날아서 실제 폭풍우처럼 연출할 수 있지만, 배우에게 떨어지면 거품인 게 티가 나기 때문에 정말 신중하고 조심스럽게 사용해야 합니다. 카딩턴 세트 한쪽에 대형 강풍기 여러 대를 설치한 다음 거품눈을 흩뿌리고 그 사이로 배우들과 함께 카메라 차량이 지나가며 촬영했어요. 거품눈이 의상에 달라붙었을 때 거품처럼 보이지 않기를 기대하는 수밖에 없었어요."

물론 디지털 효과로 눈보라를 만들어 낼 수도 있지만, 현실감이 떨어진다. 배우가 눈보라 속에 있는 것 같은 느낌이 살지 않을 뿐만 아니라, 프레임 속 빛을 표현하기도 어렵기 때문이다. "이 부분에서 다리우스의 조명팀이 정말 대단한 일을 해냈습니다." 최 프로듀서는 말한다. "조명감독이 만든 조명 그리드는 정말 놀라웠습니다. 그는 천장 전체에 조명 그리드를 설치했어요. 카딩턴 스튜디오의 장점 중 하나가 높은 층고예요. 다리우스는 조명을 바닥에서 최대한 멀리 떨어뜨리고 싶어 했어요. 그래야 빛이 넓고 부드럽게 떨어져 그림자가 강하게 지지 않기 때문이죠. 우리는 눈이 내리는 대기를 뚫고 진짜 자연광이 비치는 것 같은 느낌을 원했고, 조명감독은 거대한 조명을 설치한 다음 실크 사이로 조명을 쏴서 공간 전체에 부드러운 빛이 고르게 떨어지도록 했어요."

카딩턴에 있는 스튜디오는 사용 가능한 면적이 약 13,500제곱미터(축구장의 약 1.9배 정도 되는 면적—옮긴이), 최고 높이는 48미터로 유럽에서 가장 큰 실내 촬영 공간 중 하나다. 하지만 그렇다 해도, 하나의 행성을 표현하기에 충분할까?

"댄 글래스와 나는 계속해서 지평선에 대해 이야기를 나눴습니다." 콘지는 회상한다. "지평선이 어디에 있을지, 실제로 촬영한 눈보라 치는 공간 너머에 시각적 효과로 어디에 지평선을 추가할지 논의했어요. 카딩턴이 꽤 크기는 하지만, 댄은 그 너머로 끝없이 펼쳐진 설원을 만들어 냈어요."

글래스는 촬영 내내 현장에 머무르면서 카딩턴 스튜디오의 벽 너머로 니플하임의 광대한 풍경을 확장할 다양한 방안을 고려했다. "사실 LED 벽을 사용해야 하나 고민했습니다." 글래스는 말한다. "주변이 온통 흰색이고, 흐린 날씨에 눈이 내리면 빛이 사방에서 반사되어 들어옵니다. 블루스크린 세트에서는 그런 상황을 재현할 수 없어요. 블루스크린에서 반사된 빛이 배우들에게 비춰질 테고, 그러면 배경을 멋지게 바꿔도 배우들의 피부색이 어색해 보이거든요. 흰 눈이 펼쳐진 야외에 있는 것처럼 보이지 않는 겁니다. 그래서 흰색 배경을 사용했어요. 정말 힘든 작업이었습니다. 배경을 교체하려면 가장자리를 잘라내는 수밖에 없었거든요. 하지만 결과물은 정말 잘 나왔습니다. 촬영할 때도 배우들이 야외에 있는 것처럼 느껴졌어요. 배우들이 추위를 타는 것처럼 보이기도 했고요. 컴퓨터 그래픽 효과를 더해 장면을 완성했는데, 매우 만족스럽습니다."

카딩턴에서는 두 가지 주요 시퀀스를 주로 촬영했다. 첫 번째는 이야기의 발단이 되는 장면으로, 초반에 미키가 낙하산을 타고 지상으로 뛰어내린 후 크레바스에 빠지는 장면이고, 두 번째는 영화의 클라이맥스를 위한 장면이었다. 그러나 촬영팀은 카딩턴 외에도 〈미키17〉의 배경인 근미래 세계를 구현할 수 있는 실제 거리와 건물들을 찾아 런던 곳곳에서 로케이션 촬영을 진행했다.

"정말 분위기 있는 장소들이었습니다." 피오나 크롬비는 말한다. "독특한 개성을 가진 장소들을 잘 고른 것 같아요. 건축학적으로 정말 환상적인 장소가 두 곳 있었는데, 시각적으로도 굉장히 인상적이었어요. 우리는 스트랜드가의 사보이 호텔을 방문했는데, 사보이 옆쪽 골목과 그 뒤편 작은 공간에서 촬영을 했습니다. 또 프렌치 오디너리 코트라는 작은 지하도에서 골목길 장면을 촬영했어요. 런던의 구 시청에도 갔어요. 미키가 니플하임 임무에 지원하는 장면에 등장하는 큰 전시장이 구 시청이에요. 그곳은 여러모로 마음에 들었는데, 창밖으로 모래 폭풍이 치는 효과를 넣을 수 있다는 게 굉장한 장점이었어요. 놓치기엔 아까웠습니다."

112쪽: 리브스덴에서 얼음 동굴 세트를 제작 중이다.

113쪽 위: 수많은 크리퍼들이 미키를 동굴 밖, 니플하임 표면으로 옮기는 장면을 준비하는 중이다. "가능한 한 빨리 진행했어요." 댄 글래스는 말한다. "각 팀은 장희철 크리처 디자이너의 모델을 사용하여 작업했고, 우리는 크리퍼들에 대해 많은 대화를 나눴습니다. 크리퍼를 왜 이런 형태로 만들었는지 이해하고, 이 크리처가 어떻게 움직이는지에 대해 그의 의견을 듣기 위해 여러 질문을 주고받았죠."

113쪽 아래: 카딩턴에서 작동 중인 플리터 옆에 선 봉준호 감독. 그는 카딩턴 스튜디오에 대해 이렇게 설명한다. "카딩턴에 아주 큰 플리터가 두 대 있었습니다. 공간이 넓었는데도 플리터가 워낙 커서 이 차량을 이리저리 이동시키기에는 좁게 느껴지더군요."

"가장 복잡했던 장면은 사실
설원 위의 기후를 표현하는
장면들이었습니다. 그런 장면은 모두
카딩턴에서 촬영되었는데,
그곳에서 촬영한 모든 장면은
물리적으로 힘들고, 복잡하고,
까다로웠어요."

_봉준호

노먼 포스터가 설계한 런던 시청은 템스강 남쪽 강변에 자리 잡고 있다. 사방에 유리창이 많은 덕분에 자연광이 풍부하게 들어오지만, 〈미키17〉의 대규모 채용 장면을 촬영하는 데는 걸림돌이 많았다.

"시청에서는 촬영하기가 쉽지 않았습니다." 다리우스 콘지는 회상한다. "등장하는 캐릭터가 많아서 배우들도, 엑스트라도 북적거렸어요. 이들 모두가 자연광을 받고 있어서 해의 방향과 자연광이 들어오는 방향을 신경 써야 했어요. 뿐만 아니라 나중에 시각효과로 모래 폭풍을 어떻게 재현할 것인지를 고민하며 촬영해야 했습니다. 카메라에 정말 아름답게 담기기는 했죠.

내가 자랑스럽게 여기고, 또 좋아하기도 하는 장면은 밤 신들입니다. 나는 항상 밤을 좋아해요. 야간 촬영도 좋아하고. 영화에서 밤은 얼마 등장하지 않아요. 지구의 한 장면을 회상하는 플래시백으로 등장하는데, 미키가 지구에서의 삶과 자신에게 무슨 일이 있었는지를 이야기하는 내레이션이 깔리고 런던에서 밤에 촬영한 장면이 나와요. 그 장면을 촬영할 때 정말 좋았습니다."

세트 촬영

본 촬영은 2022년 8월에 시작되었다.

배우들의 스케줄, 세트 활용 가능 여부, 날씨 조건, 그 외 여러 가지 이유로 영화 촬영을 대본 순서대로 진행하는 것은 거의 불가능하다. 하지만 〈미키17〉은 배우와 제작진 모두 촬영 과정이 매끄럽고 합리적이며 편리하다고 느낄 수 있도록 철저한 계획에 따라 촬영되었다. 애키는 촬영팀이 효율적이고 체계적이었다고 전한다. 또한 촬영 현장의 분위기는 그녀가 맡은 캐릭터의 여정을 반영해 놓은 듯했다고 말한다. "내 촬영 분량은 세 파트로 나뉘어져 있었어요. 두 번째 파트에 몸을 다치고 치유하는 장면이 뒤섞여 있었어요. 마지막 몇 장면을 촬영 초기에 찍긴 했는데, 극 초반과 다를 바 없이 차분한 분위기의 장면들이었어요."

도미닉 투오히도 제작의 모든 단계에서 이루어진 계획과 준비가 큰 차이를 만들었다고 목소리를 보탠다. 일정과 예산뿐만 아니라 영화가 순조롭게 진행되고 있다는 안정감을 주고, 현장에서 긍정적인 분위기를 유지하는 데도 결정적인 역할을 했다는 것이다. "지금까지 작업한 영화 중 가장 체계적인 영화였습니다. 봉준호 감독과 처음 만난 날부터 촬영을 마치고 떠나는 날까지 그와 모든 제작진은 정말 한결같았어요. 나는 이제껏 수많은 작품에 참여했는데, 촬영 현장이 굉장히 즐겁고 스태프도 친절하며 신나게 일했지만 영화가 잘 나오지 않는 걸 경험해 봤어요. 반대로 모든 작업이 정말 고통스럽고 하루하루가 힘들었지만 영화가 정말 잘 만들어진 적도 있었어요. 그런 작품은 사람들이 '그 영화 정말 좋았어요'라고 하면 뭔가 씁쓸하더라고요. 하지만 이번 작품은 작업하는 내내 즐겁고 기분이 좋았습니다. 체계적으로 촬영한 덕분인 것 같아요."

감독, 프로듀서, 제작진은 최대한 효율적인 일정으로 촬영하기 위해 최선을 다했다. 스토리 전개를 해치지 않으면서도 필요한 자원을 확보하는 데 집중한 결과, 그들은 본격적으로 촬영에 들어가기 전에 이미 촬영을 시작할 수 있었다.

"한 번만 찍으면 되는 장소가 있어서 일종의 '프리데이' 촬영을 진행했습니다." 최두호 프로듀서는 회상한다. "클래펌에 있는 방공호였어요. 로버트 패틴슨이 터널을 지나 우주선 발사 장소로 걸어가는 모습을 세 구도로 촬영하기만 하면 됐거든요.

드디어 세트에서 촬영을 시작하게 됐을 때 정말 후련했습니다. 프로듀서는 배턴을 넘기는 이 순간을 늘 고대합니다. 물론 봉 감독은 처음부터 끝까지 모든 작업에 참여했지만, 내 입장에선 '이제부터는 당신 스태프와 배우들의 몫'이라고 책임을 넘길 수 있습니다."

빌리 와일더 감독의 고전 〈선셋 대로〉는 주인공이자 내레이터가 사망한 상태에서 그가 죽음에 이르게 된 과정을 되짚어 간다. 〈멋진 인생〉은 주인공이 세상에 존재함으로써 영향을 받은 모든 사람들과 그들의 관계를 보여준다. 〈미키17〉 역시 미키의 삶과 그가 영화 도입부에서 왜 그런 상황에 처하게 되었는지를 빠르게 보여준다. 하지만 이를 통해 미키 반스의 삶이 얼마나 소중한가가 아니라, 오히려 그의 삶이 얼마나 하찮고 쉽게 버려질 수 있는지를 강조한다. 그의 죽음은 가치가 있으며, 영화 〈옥자〉의 슈퍼돼지 옥자처럼, 미키는 살아있을 때보다 죽었을 때 더 큰 가치를 지닌다.

〈미키17〉은 니플하임의 크레바스에서 죽음을 기다리는 미키의 모습으로 시작된다. 지상에서 그를 내려다보고 있는 그의 절친 티모는 "잘 죽고 내일 보자"는 말을 남기고 점점 다가오는 미지의 생물에게 미키의 목숨을 맡긴 채 떠나버린다. 피할 수 없는 죽음을 기다리며 누워있는 미키의 삶이 그의 눈앞에, 그리고 우리 눈앞에 스쳐 지나간다. 미키와 티모가 사채업자 다리우스 블랭크를 피해 지구로 도망치는 장면, 니플하임 임무에 합류하는 장면, 그 과정에서 미키가 '익스펜더블'이 되는 장면 그리고 그 결정의 후유증을 극복하는 장면이 속도감 있게 묘사된다.

114쪽: "봉준호 감독은 아주 독특하고 명확한 톤으로 각본을 쓰고 연출합니다. 그걸 이해하고 거기에 녹아드는 건 꽤 복잡한 작업이죠." (로버트 패틴슨)

115쪽 위: 마샬의 군대가 '초토화' 정책을 실행하는 장면을 담은 세트 사진.

조. 카메라 테스트에서 작은 사이즈의 플럼퍼A, 중간 사이즈의 플럼퍼B, 조금 더 큰 사이즈의 플럼퍼C를 테스트했어요. 플럼퍼를 넣으니 얼굴이 달라 보이긴 했어요. 하나는 입 앞쪽에, 하나는 뺨에 넣었더니 원하는 형태가 나오더군요. 그 모습을 미키17의 얼굴로 정했습니다. 미키18은 치아 하나를 비뚤게 만들면 어떨까 제안했어요. 로버트 패틴슨의 원래 치아에 치아 하나를 살짝 겹쳐서 슬쩍슬쩍 보이게 하는 방식으로 얼굴은 손대지 않았어요. 결국 17에는 플럼퍼를 쓰지 않고 18에 덧니만 더하기로 했죠. 그들의 차이는 딱 그 정도였어요."

"로버트 패틴슨이 연기하는 두 캐릭터, 미키17과 미키18은 말하는 방식이 완전히 다릅니다." 음향감독 스튜어트 윌슨은 말한다. "시간이 지나면서 관객들은 로버트 패틴슨이 각 캐릭터의 성격에 맞게, 혹은 각 캐릭터를 연기하는 자신한테 맞춰서 의도적으로 만들어 낸 차이점을 알아차리게 될 겁니다. 미키17은 목소리가 더 높고 발음도 또렷하지 않아요. 말하는 속도가 빠르지만 발음을 뭉뚱그려 하고 약간 얼이 빠진 듯 보여요. 반면 미키18은 훨씬 직설적입니다. 저음에 가까운 목소리로 이야기하고, 해야 할 말만 하죠."

두 배역을 연기한 패틴슨을 3개월 가까이 촬영한 콘지는 그에 대해 칭찬을 아끼지 않았다. 둘은 이전에 제임스 그레이의 〈잃어버린 도시 Z〉에서 함께 작업한 적이 있었다.

"촬영 과정이 길게 느껴지지 않았습니다." 콘지는 말한다. "아주 빠르게 진행됐어요. 리허설을 많이 한 덕분에 촬영이 아주 빨리 끝났어요. 재미있었습니다. 로버트 패틴슨은 늘 모든 것을 재미있고 수월하게 만들어 줘요. 그는 감정적으로 행동하는 법이 없었고, 다른 사람들도 마찬가지였어요. 그가 분위기를 잘 이끌어 주는 역할을 했어요. 봉준호 같은 감독과 로버트 패틴슨 같은 배우가 있으면 누구도 자기가 주인공인 양 행동하거나 문제를 일으키지 못할 걸요. 그 점이 좋아요. 무슨 말인지 알겠죠? 현장 분위기가 화기애애해서 정말 즐거웠습니다. 감독과 대스타가 어찌나 겸손한지 대작 영화를 찍는데도 힘든 줄 모르겠더라고요.

나는 로버트 패틴슨과 촬영하는 걸 정말 좋아합니다. 그는 매우 카리스마 있으면서도 호감이 가는 배우예요. 순식간에 다른 얼굴을 보여주기도 하죠. 20세기 초, 초창기 영화배우처럼 보이기도 해요. 무성영화나 표현주의 영화에 나오는 배우처럼 말이죠. 가끔 그를 보며 '와, 프리츠 랑 감독이 캐스팅하고 싶어 했을 외모인걸' 하고 생각한 적도 있어요."

〈미키17〉의 핵심 장면은 엄청난 특수효과가 사용되지도 않았고, 캐릭터 간의 상호작용과 관계를 다루는 저녁식사 장면이기에 예고편에 포함될 가능성도 적다. 하지만 봉준호 감독이 가장 좋아하는 장면이기도 하다.

"시나리오를 쓸 때 저녁 식사 장면에 완전히 빠져있었어요. 정말 흥미진진하더군요." 봉준호 감독은 말한다. "미키는 케네스 마샬에게 저녁 식사를 초대받고 굉장히 들떠있어요. 그렇지 않아도 제한돼 있던 배급량이 반으로 준 상황이었거든요. 하지만 안타깝게도 마샬은 의학 실험을 핑계로 마키를 저녁 식사에 불러낸 거예요. 식사 장면은 미키, 마샬, 일파에게 정말 중요한 장면

미키와 나샤의 관계 그리고 그가 '우정'이라 부르는 티모와의 관계를 보여주는 이야기가 전개된다. 카이의 여자친구 제니퍼가 니플하임에서 죽는 장면이 등장하며, 마샬은 제니퍼 대신 미키가 죽었어야 한다고 생각한다. 그는 미키의 배급량을 절반으로 줄이고, 미키가 우주선의 과학자들이 실험에 쓸 크리퍼 샘플을 가져올 때까지 일주일 내내 니플하임으로 내려가도록 벌을 내린다. 이 과정에서 미키는 깊은 크레바스에서 빠지고 만다.

미키는 자신의 처지가 죽은 거나 다름없다고 생각한다. 티모는 그가 죽었다고 우주선에 보고하고, 우주선에서는 그를 대체할 새로운 버전의 미키, 미키18을 프린트한다. 이미 대작 SF의 전형적 전개에서 벗어나 관객의 기대를 비튼 영화는 이제 자신의 운명에 대한 미키의 예상을 다시 한번 비튼다. 그는 크리퍼에게 죽임을 당하지 않는다. 그를 죽이기보다 살리기로 한 크리퍼의 결정은 전체 이야기의 촉매제가 된다. 크리퍼들은 그를 다시 우주선 근처로 데려다준다. 미키는 미키18이 이미 자신의 자리를 차지한 상황에서 다시 임무에 복귀하고 삶을 이어가야 하는 처지에 놓인다.

패틴슨은 미키17과 18이 서로 대화하고, 싸우고, 친해지는 과정의 감정선을 설득력 있게 표현해야 했다. 그는 머릿속으로 여러 번 리허설을 하며 철저히 준비하는 한편, 의상, 헤어, 메이크업의 도움을 받았다.

"봉준호 감독은 미키17과 18이 아주 미묘하게 다르기를 원했어요. 겉으로는 아무 차이도 없는 것 같지만 뭔가 느낌이 달라 보이는 정도랄까." 헤어 및 메이크업 감독 샤론 마틴은 전한다. "처음에는 볼에 넣는 플럼퍼를 사용해 얼굴형을 바꿔야겠다고 생각했어요. 그래서 여러 가지 크기의 플럼퍼를 사용해 봤

116쪽 위: 대단원의 마지막 장면 촬영 중 역할에서 잠시 빠져나온 러팔로.

117쪽 위: 티모 역을 위해 힘든 상황에서도 최선을 다하는 스티븐 연.

117쪽 아래: 봉 감독과 로버트 패틴슨이 마마 크리퍼 모형을 배경으로 니플하임의 지면 위에서 이야기를 나누고 있다.

가 얼마나 가까이 또는 멀리 있을지 알고 있으니까 배우가 자신의 위치를 결정하는 데도 정말 편리했어요. 스토리보드에 나샤의 눈이 강렬하게 클로즈업된 장면이 있다면 봉 감독과 굳이 이야기할 필요도 없이 '좋아, 여기서 시작하면 되겠다'고 생각하면 됐어요. 말 그대로 스토리보드라는 만화책의 일부를 가지고 들어와서 그걸 그대로 재현하는 셈이었죠.… 스토리보드 덕분에 작업은 가장 단순한 형태로 쪼개졌어요. 봉 감독에게 감사했죠. 보통 그런 작업은 촬영 당일에 이루어지는데, 그가 혼자 짐을 짊어진 덕분에 우리는 편안하게 연기에만 집중할 수 있었으니까요.

이번 작업에서 봉 감독에게 배운 가장 큰 교훈은 통제권을 내려놓는 것이었어요. 그는 배우들이 한 장면 안에서 복잡하고 상반된 감정을 표현하는 걸 허

입니다. 뒤틀린 상황 속에서 관객은 마샬과 일파가 어떤 인물들인지 알게 됩니다. 엉뚱하고 재미있는 방식으로 그들이 얼마나 끔찍한 사람인지 알려주는 시퀀스라고 할 수 있어요. 또한 저녁 식사 시간에조차 실험 대상이 될 수 있는 미키의 모습을 보며 관객은 그의 임무가 어떤 것인지 피부로 느낄 수 있습니다. 식사 중에 나누는 대화 내용과 그들이 갑자기 부르는 노래 덕분에 요란한 상황이 벌어집니다. 디테일이 엄청나게 들어간 장면이에요. 시나리오를 쓰는 초기 단계부터 너무 마음에 들어서 이 장면은 정말 몰두해서 작업했어요. 68번째 장면입니다."

봉준호 영화의 가장 독특한 특징 중 하나는 그의 촬영 방식이다. 대부분의 감독들은 한 장면을 여러 각도에서 촬영해 편집할 때 다양한 선택지를 확보해 두는데, 봉준호 감독은 장면 단위로 꼼꼼하게 영화를 계획하고 각 장면을 정확하게 어떤 각도에서 촬영할지를 미리 알고 있다. 그는 편집실에서 사용하지 않을 것 같은 장면은 절대 촬영하지 않으며, 자신이 직접 구상한 스토리보드를 통해 출연진과 제작진에게 계획을 전달한다. 많은 배우들에게는 굉장히 낯선 작업 방식이었다.

"그가 '좋아요, 여러분, 이걸 한 프레임씩 찍을 거예요'라고 말했던 기억이 나네요." 애키는 회상한다. "나와 로버트는 약간 당황했어요. 한 장면을 처음부터 끝까지 쭉 찍지 않는다는 게 무슨 뜻인지 이해할 수 없었거든요. 봉준호 감독은 닷새만 지나면 익숙해질 거라고 했고, 그의 말이 맞았어요. 나중에는 한 장면의 6분의 1 정도만 촬영하는 느낌이었고, 순서대로 촬영하지도 않았는데 흐름을 따라가게 되더라고요.

그의 스토리보드를 통해 어떤 장면에서 카메라와 배우가 어떻게 움직일지 알 수 있었어요. 동선의 상당 부분은 이미 정해져 있더군요. 배우는 여전히 감정선을 맞추고 적절한 타이밍에 적절한 감정을 표현해야 하지만, 어떻게 움직일지는 신경 쓸 필요가 없었어요. 그리고 카메라가 어떻게 움직일지, 카메라

용했는데, 정말 특별한 일이었어요. 한 사람에서 다음 사람으로 계속 넘어가고, 마스터 샷(master shot, 모든 등장인물을 한 화면에 잡는 촬영기법—옮긴이)이 없기 때문에 감정선을 선형적으로 따라갈 필요가 없어요. 그래서 모두가 약간 미친 사람처럼 보이기도 하죠. 어느 장면에서 나샤는 매우 조용하고 긴장되어 있다가 바로 다음 장면에서 누군가에게 목이 터져라 소리를 지릅니다. 어떻게 그렇게 됐는지는 모르지만, 이미 소리를 지르고 있는 거예요!"

영화의 중반부인 카페테리아 싸움 장면에 이르면 비명이 본격적으로 들리기 시작한다. 그동안 미키17과 18은 적당히 타협한다. 그들은 나샤의 도움으로 배급을 나누며 삶을 공유하게 되지만, 영원히 그렇게 살아갈 수는 없는 노릇이다. 마샬과 일파의 저녁 파티에서 극적인 전개가 펼쳐진 후, 미키18은 마샬을 끝장낼 계획을 세운다. 이야기는 마샬이 모두를 불러 모아 기념식을 여는 카페테리아에서 정점에 달한다. 마샬이 니플하임에서 가져온 바위를 쪼개자 다름 아닌 베이비 크리퍼가 나온다. 그리고 이어서 또 한 마리가 나온다. 베이비 크리퍼 두 마리와 두 명의 미키가 나타난 후 카페테리아는 아수라장이 된다.

주연 배우 대부분이 이 장면에 등장하고 스턴트팀, VFX팀이 모두 손발을 맞춰야 했다. 콘지에게 이 장면을 촬영하는 일은 가장 까다로운 작업 중 하나이기도 했다. "일주일이 넘게 걸린 촬영이었어요." 그가 말한다. "정말 많은 일이 있었죠. 마샬의 기념사, 그리고 싸움까지…."

<설국열차>의 상징적인 '도끼 싸움' 장면에서 봉준호 감독은 몇 분간 스릴 넘치고 파괴적인 액션으로 가득 찬 혼란을 연출하면서도 캐릭터들이 추구하는 목표와 사건의 핵심을 놓치지 않았다. 카페테리아 장면도 마찬가지다. 배경이 일상적인 공간이어서 학교 급식실에서 일어난 폭동을 교장 마샬이 지켜보다가 점점 이성을 잃어가고 있는 것처럼 보이기도 한다. 가장 위협적이지 않은 요소인 베이비 크리퍼가 모두를 광란으로 몰아넣는데, 이 장면은 전형적인 SF 영화에서 괴물이 나타나는 순간을 멋지게 풍자한다.

싸움의 공간 배치와 동선은 매우 정교하게 짜여있으며, 관객은 미키18이 마샬을 쏘기를 응원하면서도 그가 실패할 경우, 그리고 미키17과 18이 모두 살아있다는 사실이 밝혀질 경우 어떤 일이 벌어질지 분명하게 인식할 수 있다.

스턴트 코디네이터 폴 로우는 모든 액션이 설득력 있으면서도 안전하게 진행되도록 해야 했다. "봉준호 감독은 원하는 바를 매우 구체적으로 표현하는 일이 비일비재했습니다. 그 때문에 도전적인 작업을 해야 했어요." 로우는 말한다. "그가 원하는 것은 과장되고 강렬한 스턴트가 아니었어요. 그는 모든 장면이 진짜처럼 보이길 바랐습니다. 그래서 나샤 역의 나오미가 누군가와 싸우거나 주먹을 날릴 때도 그게 영화 속에 나올법한 액션이 아니라 실제 상황처럼 보였으면 했죠.

[카페테리아 싸움 장면에 투입될] 스턴트맨이 스무 명 정도 있었고 보조 출연자도 많았습니다. 거기에 주연 배우들까지 배치해야 했어요. 많은 일이 벌어졌어요. 혼돈을 만들되, 안전한 혼돈이어야 했습니다. 먼저 우리끼리 리허설을 하면서 테이블 위에서 합을 맞추거나 테이블 위로 넘어가는 액션을 준비했어요. 그런 다음에는 당연히 실전이었죠. 배우들과 먼저 합을 맞춘 다음 세트에서 차근차근 촬영했습니다. 우리가 짠 모든 동작을 미리 생각해 둔 위치에서 연기할 수 있는지 확인하고… 실제로 연기를 하며 멋진 액션을 만들어 냈어요. 그런 다음, 영상을 돌려보거나 큰 화면으로 결과물이 얼마나 잘 나왔는지 확인했습니다. 나오미가 총을 들고 어느 남자의 팔을 감싸서 테이블 위에 올려놓는 장면이 있어요. 액션 연기가 많은 날이었는데, 엄청난 액션은 아니었지만 그날은 여러 스턴트맨과 다양한 구역에서 많은 액션을 선보인 날이었습니다."

이날은 마샬에게도 중요한 날이었다. 니플하임의 바위를 쪼개는 자신의 모습을 지구에 있는 추종자들에게 방송하기로 한 것이다. "마샬이 생각하기에 자신의 가장 근사한 모습을 보여주는 장면입니다." 러팔로는 말한다. "그가 자신을 가장 잘 통제하는 최고의 순간이죠. 그의 아내와 그는 묘한 관계예요. 그는 아내에게 매우 순종적입니다. 그들 부부의 관계는 매우 기묘해요. 하지만 카페테리아 장면은 그가 아내와 함께 있지 않은 유일한 순간입니다. 그는 그녀와 함께 있을 때는 불안해하지만, 그녀가 없을 때는 자신을 잘 통제할 뿐만 아니라 리더로서 자신감도 더 느끼는 것 같습니다."

그 자신감은 오래가지 못한다. 마샬이 우주 정복과 니플하임 식민지를 과시하기 위해 시작했던 행사는 곧 광기와 수치로 가득 차게 된다. 미키17과 18은 나샤와 함께 감옥에 갇힌다. 베이비 크리퍼 중 한 마리는 총에 맞고, 다른 한 마리인 조코는 실험을 위해 끌려간다. 그 순간, 조코가 비명을 지르자 니플하임에 있던 마마 크리퍼와 다른 주니어 크리퍼들이 그 소리를 듣고 고개를 든다. 자신의 새끼를 되찾으려는 마마 크리퍼가 무슨 짓이든 하리라는 것은 분명하다.

감옥 장면에서 티모는 본격적으로 자신의 역할을 드러낸다. 블랭크는 티모와 미키를 죽이기 위해 우주선에 부하를 보냈고, 티모는 자신의 목숨을 구하기 위해 미키를 내주기로 그와 거래한다. 이때 미키17, 18과 나샤는 한 팀이 되어 탈출에 성공한다.

이들은 다시 한번 사이클러실에 모이고, 이야기는 가장 암담한 상황으로 치닫는다. 초토화 정책을 감행하기로 한 마샬은 두 미키를 모두 죽여 없애기로 한다. 그는 두 사람이 죽고 나면 더 이상 복제품을 만들 수 없도록 미키의 메모리 파일을 삭제한다.

"세트장에 연기와 증기가 자욱했습니다." 러팔로는 회상한다. "증기로 연기 효과를 냈는데, 그 때문에 세트가 굉장히 눅눅했어요. 카메라도 복잡하게 움직이는 데다 대사도 많고, 마샬은 계속 화를 내야 했거든요. 게다가 모든 캐릭터가 그 자리에 모여 있었어요. 정말 힘든 신이었습니다. 사이클러실 신 전체가 특히 힘들었는데, 그도 그럴 것이 그 공간에서 8일인가 10일 동안 촬영을 해야 했으니까요. 움직임이나 동선이 많고 매우 복잡하기도 했어요. 한 샷 한 샷이

굉장히 구체적이었습니다. 모든 배우가 한 공간에서 동시에 연기를 해야 해서 각자 카메라 동선에 맞춰 알아서 움직여야 했고, 다른 배우들의 동선도 체크해야 했어요. 미키17과 미키18이 함께 잡히는 장면도 있었는데, 서로 몸이 닿는 장면도 있어서 합이 완벽하게 맞아야 했어요. 정말 힘든 시간이었습니다."

118쪽 위: 카페테리아 싸움 후 나샤와 미키가 발각되어 포위되는 순간을 촬영 중인 로버트 패틴슨, 나오미 애키, 샘 우드햄스.

118쪽 아래: 영화의 마지막 촬영. 스티븐 박과 패치 페란 사이에 앉아있는 로버트 패틴슨.

119쪽 위: 왼쪽부터: 다리우스 콘지, 마크 러팔로, 최두호 프로듀서.

이 장면은 영화의 나머지 장면과는 다른 색감을 자랑하는 강렬하고 긴장감 있는 시퀀스로, 사이클러의 주황색과 붉은색이 지옥의 용광로 같은 느낌을 자아낸다. "대단히 어렵고 도전적인 장면이었고, 촬영이 계속 길어져서 시간이 오래 걸렸던 걸로 기억해요." 콘지는 말한다. "이 장면에 많은 샷이 필요했어요. 길고 복잡하고 힘든 장면이었죠."

한편, 베이비 크리퍼의 피가 훌륭한 새로운 요리 재료라는 사실을 발견한 일파는 가능한 한 많은 피를 얻어내기로 결심한다. 때마침 베이비 크리퍼의 울음소리를 들은 수천 마리의 크리퍼들이 우주선 밖에 모여든다. 그녀의 결심은 마샬의 아이디어와 완벽하게 맞아떨어지고, 계획이 세워진다. 그들의 계획에 따라 미키17과 18은 한 가지 임무를 수행하기 위해 니플하임으로 투입된다. 그리고 일파를 위해 크리퍼 꼬리 백 개를 먼저 모으는 사람만이 살아남을 수 있게 된다. 두 미키는 동기를 부여해 줄 원격 제어 폭탄 조끼까지 가슴에 차게 된다.

두 미키는 조코를 위해 복수하러 온 크리퍼 떼 속으로 들어간다. 이 장면은 영화의 클라이맥스로, 봉준호 영화에서 이전에 시도된 적 없는 거대한 전투 시퀀스다.

"프리프로덕션 초기부터 준비한 장면입니다." 봉준호 감독은 말한다. "당시에도 이 시퀀스가 상당히 어려울 거라고 예상했습니다. 그래서 나와 프로덕션 디자이너이자 VFX 감독인 댄 글래스, 제1조감독 벤 하워드, 현장프로듀서 모두 이 시퀀스를 어떻게 촬영할지 엄청나게 고민했어요. 제작 초기부터 토론과 회의를 거듭하면서 정말 집요하고 치열하게 준비했습니다."

최두호 프로듀서는 세트에 진짜 눈이 내린 것처럼 보였고, 배우들은 그 상태에서 연기를 펼쳤다고 말한다. "하얀 커튼처럼 보였던 세트 벽에 댄 글래스가 후반 작업으로 배경에 우주선이나 작은 산맥 같은 것들을 넣었어요. 크리퍼는 디지털 작업으로 삽입될 예정이었는데, 어려운 작업이었습니다. 봉 감독은 어찌나 꼼꼼한 사람인지 몰라요. 주어진 공간 안에서 카메라 차량의 동선을 짜고 재정비하면서 완벽한 신을 만드는데, 보통 일이 아니었어요."

"눈 속에서 벌어진 큰 전투 장면도 꽤 힘들었어요." 콘지는 말한다. "우리는 눈보라를 연출했습니다. 도미닉 투오히가 현장에서 정말 대단한 역할을 해냈어요. 그는 엄청난 양의 눈을 능숙하게 세팅했고, 부족한 부분은 댄 글래스가 보완하기로 했어요. 실제로 배우와 카메라 위로 눈을 뿌리며 촬영한 다음 댄이 나머지를 손봤습니다."

영화 속 장면 대부분은 매우 제한적이고 폐쇄된 환경에서 진행되었다. 거대한 설원에서 벌어지는 클라이맥스 전투 장면은 관객들에게 공간적인 해방감과 동시에 엄청난 카타르시스를 선사한다. 크리퍼 떼와 참혹한 학살, 눈보라 그리고 우주선이 배경에 자리 잡고 있음에도 불구하고 봉준호 감독과 다리우스 콘지는 영화의 긴장감과 감정선을 미키에게 집중시킨다.

"많은 일들이 벌어졌어요." 콘지는 이어 말한다. "불이 나고, 폭발이 일어나고, 사방에 괴물들이 깔린 장면이었는데, 카메라 세 대로 촬영했어요. 카딩턴 스튜디오 안에서 동시에 많은 일이 벌어졌습니다… 그리고 모든 것은 미키를 중심으로 돌아가요. 미키가 주인공이니까. 미키17과 18을 한 장면에 담는 방법은 정말 놀라웠어요. 이전 작업보다 기술적으로 신경 쓸 것이 많아서 지루하고 성가신 일도 겪으면서 더디게 진행될 줄 알았는데 댄 글래스 덕분에 촬영이 수월해져서 시간도 오래 걸리지 않았어요. 1인 2역 촬영이 쉽지 않다는 점을 감안하더라도 상당히 빨리 진행됐고, 결과물도 좋았던 것 같아요. 만족스러운 1인 2역 촬영이었습니다."

나샤와 미키17은 조코를 마마 크리퍼에게 무사히 돌려보내고, 미키18은 마샬을 붙잡고 기폭 장치를 눌러 자신의 폭탄 조끼를 작동시킨다. 짧은 생의 마지막 순간, 자신감 넘치고 거침없던 미키18은 잠시나마 자신의 온순한 전임자와 닮아 보인다. 곧 그는 사라지고, 마샬도 사라진다. 인간과 크리퍼는 이제 평화롭게 공존할 수 있게 된다.

〈미키17〉은 거대한 스케일의 영화이지만, 메시지를 전달하는 방식은 봉 감독이 이전에 만들었던 어떤 작품 못지않게 섬세하다. 지금까지 작업한 영화 중 제작진 규모도 가장 컸지만, 이들 중 미키의 이야기를 전달하는 데 필요하지 않았던 이는 단 한 명도 없었다.

121쪽: "크리처를 다룰 때는 늘 어려움이 따르기 마련이죠. 본질적으로 실제로 존재하지 않는다는 사실을 알기 때문에 처음부터 고군분투하게 됩니다."(VFX 감독 댄 글래스)

편집

봉준호 감독의 가장 가까운 조력자 중 한 명은 양진모 편집감독이다. 그는 〈설국열차〉에서 편집을 담당했고, 〈옥자〉에서도 편집을 맡았다. 두 사람의 다음 작품은 〈기생충〉이었다. 그들은 이 영화에서 협업 과정을 세련되고 완벽하게 다듬었다.

봉 감독과 양 편집감독은 영화 제작에서 잘 사용되지 않을 뿐 아니라 할리우드에서도 지금껏 찾아볼 수 없는 촬영 및 편집 시스템을 구축했다. 봉 감독이 영화의 모든 프레임을 스토리보드에 그려낸다는 사실은 잘 알려져 있다. 그는 제작진에게 스토리보드를 전달해 작업을 진행한다. 매일의 촬영이 스토리보드에 따라 철저하게 계획되기 때문에 양 편집감독은 편집자로서 자신이 어떤 장면들을 작업하게 될지 미리 예측할 수 있다.

촬영이 진행되는 동안 양 편집감독은 봉 감독의 스토리보드를 앞에 두고 모니터 앞에 앉아있다. 그는 영상을 실시간으로 편집하고 밤새 연결하여 다음날 아침이면 전날 촬영분의 대략적인 편집본을 내놓는다. 봉 감독이 초기 단계에서부터 속도감과 톤을 잡을 수 있도록 촬영이 진행되는 동안 그는 필요한 경우 러프 컷에 음악까지 삽입한다. 2023년 초 온라인에 공개된 〈미키17〉의 '엿보기(sneak peak)' 티저에도 양 감독이 선택한 음악이 삽입되었다. 원래 영화 마케팅 부서에서 선택한 다른 음악이 있었지만, 양 감독은 봉 감독의 스타일에 더 잘 어울리는, 그의 말에 따르면 "고전적이지만 친근하고 섬세한, 아름다우면서 독특한 느낌"의 음악을 원했다.

봉준호 감독과 양진모 편집감독의 효율적인 편집 방식과 창의적이고 직관적인 소통 덕분에 〈기생충〉은 2020년 아카데미 시상식에서 편집상 후보에 올랐으며 그날 밤 네 개의 오스카상을 수상하는 쾌거를 이뤘다. 두 사람의 꼼꼼한 준비성 덕분에 팀원들은 모든 것이 계획대로 진행되고 있다는 것을 즉각적으로 느낄 수 있었고, 제작팀에 새롭게 합류한 이들은 큰 깨달음을 얻었다.

"스토리보드 그대로 촬영합니다. 한 장면을 처음부터 끝까지 촬영하지도,

다양한 각도로 찍지도 않습니다." 러팔로는 설명한다. "이런 방식으로 영화를 찍어본 적은 없었어요. 흥미로웠고, 그 방식을 이해하고 나니 정말 재미있었어요. 대사는 세 줄인데, 그 안에 굉장히 복잡한 샷이 여러 개가 있어서 순간적으로 집중해야 했습니다. 완벽하게 해내려면 스토리보드에 있는 그 한 컷을 그대로 찍는 것 외에는 다른 방법이 없었죠. 아침에 받는 대본이 자기가 그날 연기할 스토리보드예요. 스토리보드는 기본적으로 프레임 안에서 어떻게 움직일지에 대한 설명서입니다. 지문과 대사를 통해 장면이 어떻게 전개될지 이해할 수 있을 뿐만 아니라 카메라가 어떻게 움직일지도 알 수 있어요. 그러면 그 장면을 매우 구체적이고 섬세하게 해석할 수 있습니다."

"보통 나는 내가 촬영한 영상을 보지 않아요." 러팔로가 이어 말한다. "봉준호 감독이 부탁해서 몇 번 본 적은 있지만, 카메라를 너무 의식하게 될 것 같아 잘 안 보려고 합니다. 대신 다른 장면들은 봐요. 내 캐릭터가 등장하기 전까지 촬영한 모든 장면을 봤는데, 아마 영화 시작 후 40분 정도 분량을 본 것 같군요. 완성본에서는 시간이 그보다 짧아지겠지만, 어쨌든 내가 본 편집본은 3~40분 정도 됐어요. 매일 하루가 끝날 때쯤이면 그날 촬영한 영상들이 편집되어 있습니다. 그게 끝이에요. 나중에 더 다듬고 필요한 작업을 하겠지만, 그날 촬영한 장면이 영화에 그대로 들어가는 거예요."

123쪽 위: '복도 계단 모퉁이'라는 이름의 세트에서 촬영될 장면을 담은 스토리보드와 콘셉트 아트. 영화에는 여러 계단, 복도, 모퉁이가 등장하며, 이 세트는 그 세 가지 요소를 모두 포함한 중요한 예시였다. 최두호 프로듀서는 이 세트가 특별한 방식으로 제작된 이유를 다음과 같이 설명한다. "같은 세트를 반복해서 사용하는 것처럼 보이고 싶지 않았습니다."

123쪽 아래: 위 스토리보드에 등장하는 복도를 시각적으로 구현한 이미지.

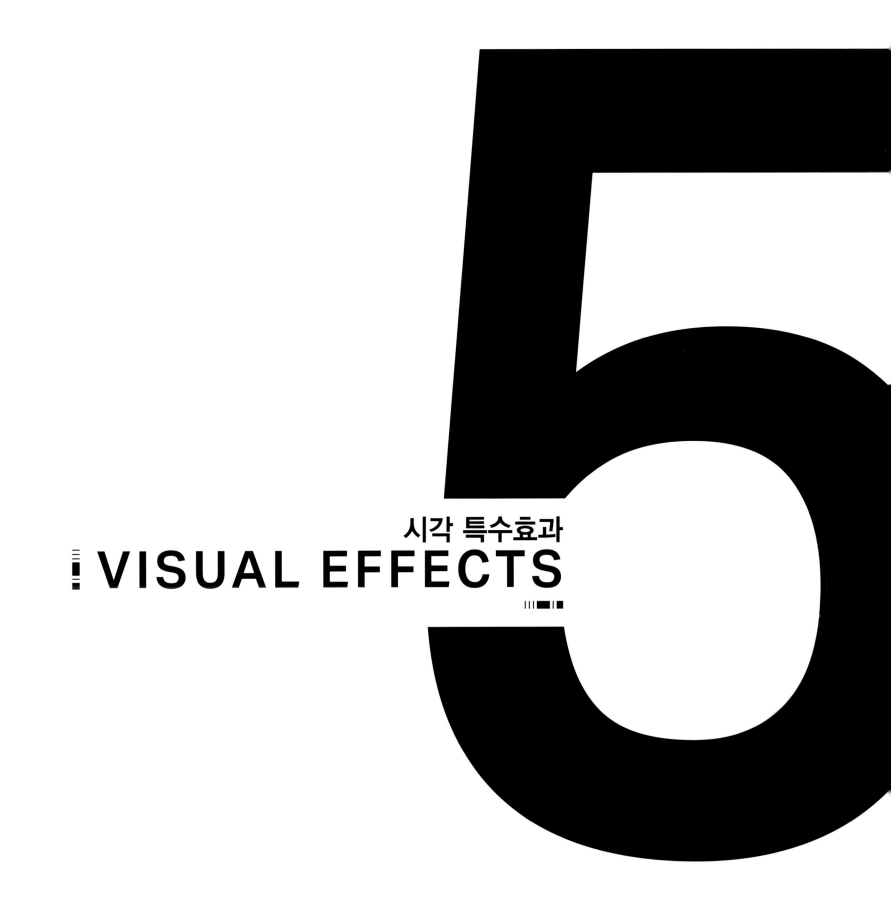

시각 특수효과

VISUAL EFFECTS

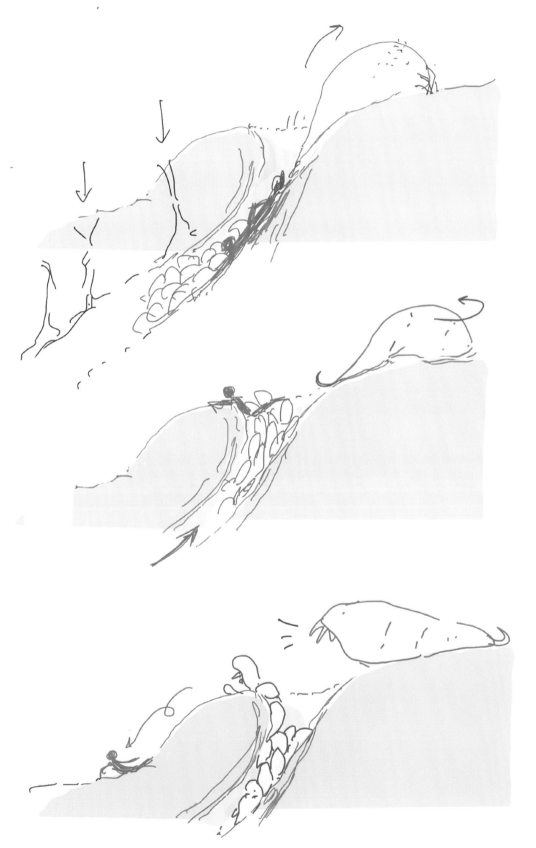

크리퍼

니플하임의 토착종을 묘사하고 이들이 스토리와 전체 제작 과정에서 어떤 역할을 했는지 알아보려면 영화의 초반부터 다시 살펴볼 필요가 있다.

미키17은 도착한 지 얼마 되지 않은 외계 행성 니플하임의 크레바스에 누워 있다. 니플하임은 알 수 없는 위험으로 가득한 적대적인 행성이다. 물론, 자신을 방어할 힘도 없이 누워있는 그에게 괴생명체가 습격할지도 모르는 현실적인 위험도 존재한다. SF 영화에 등장하는 먼 행성의 낯선 생명체를 두려워하도록 학습된 우리처럼, 그 역시 자신이 곧 죽게 되리라고 생각한다.

관객의 생각도 이와 다르지 않다. 수많은 SF 영화와 책, 이야기들을 통해 먼 행성의 낯선 생명체를 두려워하도록 길들여진 탓이다. 하지만 이 영화는 단순한 SF 영화가 아니라 봉준호 영화다.

'크리퍼'라 불리는 이 기괴한 생명체는 실제로 미키를 어디론가 끌고 가서는… 그를 눈밭에 안전하게 내려놓는다. 덕분에 미키는 우주선으로 더 쉽게 복귀할 수 있게 된다. 영화 속에서 미키는 자신과 자신의 삶 그리고 크리퍼를 새로운 시각으로 이해하게 된다. 니플하임이라는 외계 행성에 서식하는 토착종에 대해 SF 소설 독자가 품는 전형적인 기대를 뒤집어야 할 필요성은 에드워드 애슈턴의 원작 소설에도 존재했다.

"〈스타쉽 트루퍼스〉를 비롯한 SF 영화에는 대개 이런 끔찍한 벌레 같은 괴물들이 등장합니다." 애슈턴은 말한다. "그들은 영혼도 없고, 신도 없는 살인 기계입니다. 그리고 그들은 보통 인간을 파괴하려 하죠. 나도 그렇게 끔찍하게 생긴 종족을 등장시키고 싶었습니다. 본능적으로 인간은 외모가 자신과 다를수록 더 거부감을 느낀다고 합니다. 그래서 포유류는 대부분 귀엽다고 생각해요. 심지어 호랑이처럼 위험한 포유류도 매력적이고 위엄 있다고 여기죠. 하지만 전갈이 위엄 있다고 생각하는 사람은 아무도 없을 겁니다. 우리와 닮지 않은 생명체일수록 더 공포감이 드는 거라면, 나는 우리와 매우 다르고 두렵지만 실제로는 위험하지 않은, 오히려 지능을 갖췄을 뿐 아니라 우리와 공존하고 싶어 하는 존재를 그려보고 싶었습니다. 당연히 이 작품에서 내 과제는 그것을 어떻게 실현할지 배우는 것이었습니다."

이 영화의 아름다운 역학관계는 이러한 발상에서부터 시작되었다. 미키는 같은 종족인 인간과 공감대를 형성하는 것보다 곤충을 닮은 우주 괴물과 더 많은 공통점을 찾고 쉽게 교감을 나눈다.

대본에서 크리퍼는 '크루아상 모양의 몸에 지네처럼 각 마디마다 다리가 달린' 모습으로 묘사된다. 각색 작업을 하는 내내 봉준호 감독은 이 괴물을(사실 괴물은 아니지만) 스크린에서 어떻게 그려낼지 고민했다.

"원작에서 크리퍼는 지네와 비슷하게 묘사되어 있습니다." 봉 감독은 설명한다. "하지만 내가 상상한 모습은 지네와는 조금 달랐어요. 나는 이 괴물이 움직이는 크루아상처럼 생기지 않았을까 생각했어요. 왜 크루아상을 떠올렸는지 모르겠어요. 내가 크루아상을 정말 좋아하긴 합니다만. 어쨌든 시작부터 크리처는 크루아상 모양으로 구상했어요."

크리퍼의 콘셉트를 개발하는 작업에는 스토리보드 아티스트 알렉스 클라크도 참여했다. "크리퍼를 창조해 내는 작업은 정말 즐거웠습니다." 클라크는 말한다. "크리퍼가 어떻게 움직일지, 미키와는 어떻게 상호작용할지 상상하며 개성을 불어넣어 구현하려고 노력했어요. 강아지나 크루아상 같은 것들에서 영감을 얻었죠. 그 과정이 진짜 재미있었고 정말 웃긴 순간도 많았습니다. 자신에게 무슨 일이 일어나고 있는지 모른 채 크고 복슬복슬한 외계 생명체에게 끌려가는 주인공이라니."

미키가 미지의 세계로 끌려가는(실제로는 도움을 받는) 순간을 위해 도미닉 투오히와 그의 팀은 편리하면서도 실용적인 해결책을 마련했다. "트래커에 장착되는 장비를 만들었죠." 투오히는 설명한다. "트랙 경사가 22도였고 마치 밑에 크리퍼가 있는 것처럼 울퉁불퉁했어요. 그래서 서보 모터로 움직이는 장치를 트랙 위로 끌어올리면 덜컹거리는 움직임이 표현됐어요. 그 아래에는 컴퓨터 그래픽으로 크리퍼를 넣고 장치에 타고 있는 로버트 패틴슨을 밀어 올리는 것처럼 보이도록 효과를 넣기로 했죠. 패틴슨은 장치에 올라타는 걸 즐겼습니다."

126~127쪽: 크리퍼들과 미키가 처음으로 교류하는 장면을 위한 스케치와 디자인. 봉준호 감독은 프리프로덕션 단계부터 촬영 중, 그리고 후반 작업에 이르기까지 미술팀 및 VFX팀과 협력하여 생동감 넘치는 크리퍼를 완벽하게 구현해 냈다.

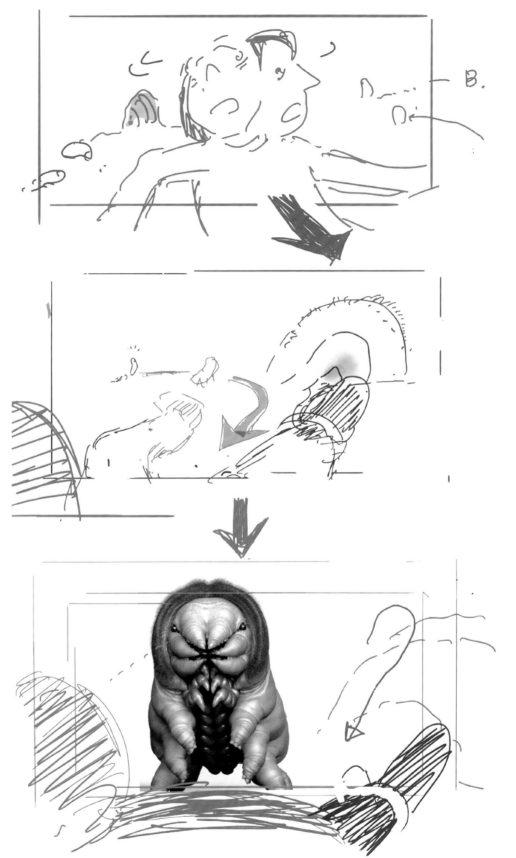

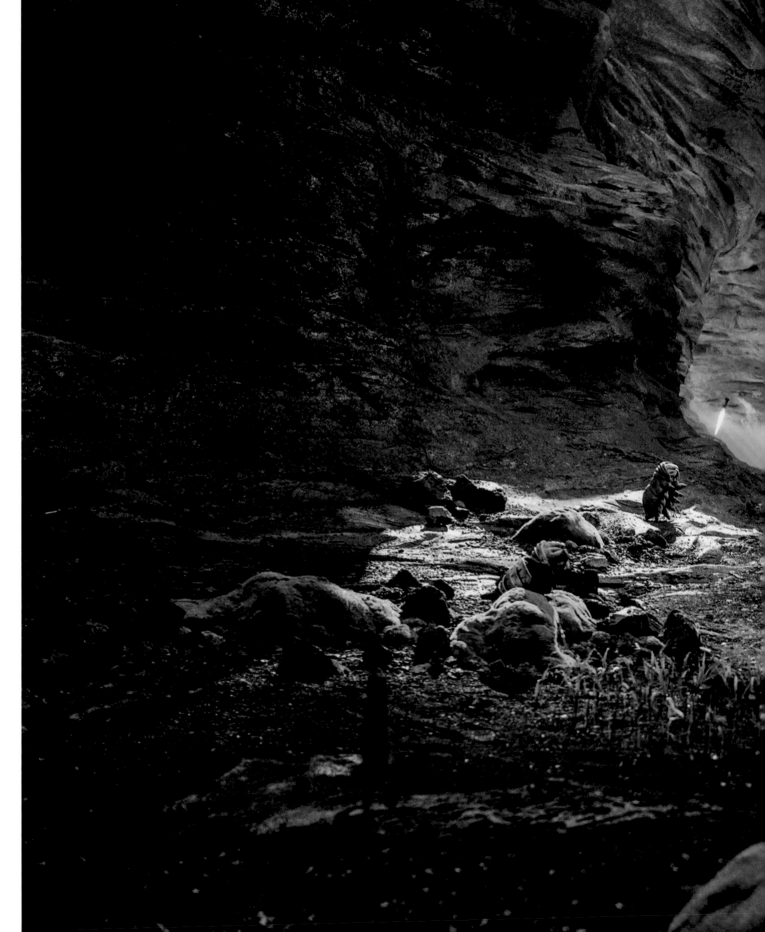

128~129쪽: 로버트 패틴슨이 마마 크리퍼와 대화하는 장면을 촬영하는 모습. 이 장면은 후반부에 촬영했는데, 패틴슨은 이 후반 단계에서도 여전히 캐릭터를 탐구 중이었다고 설명한다. "대본은 매우 구체적이었지만 저는 여전히 '미키가 누구인가?' 같은 질문을 던졌어요. 아마 이런 점 때문에 미키 역할에 끌렸던 것 같아요. 심지어 추가로 대사를 녹음할 때조차 미키는 정확히 어떤 인물인지 정의하려고 노력했습니다."

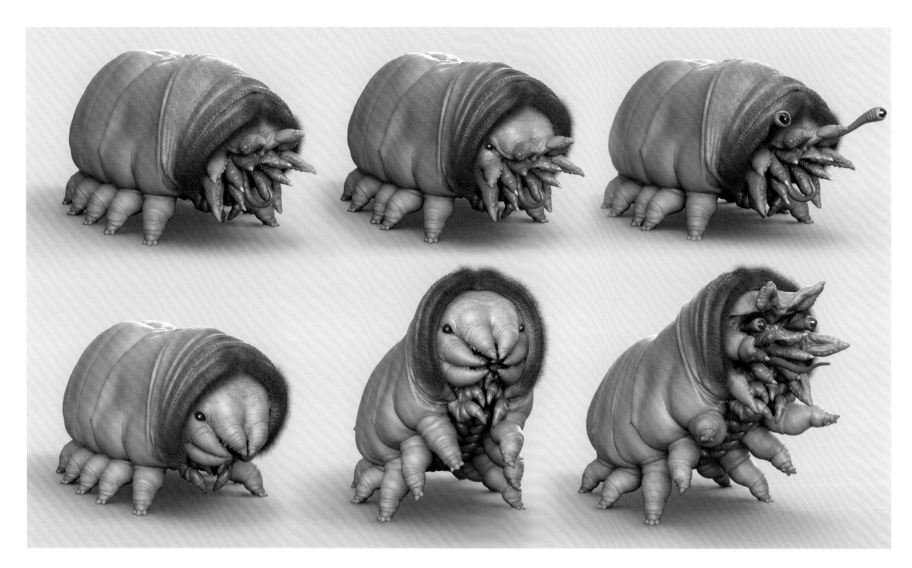

봉준호 감독의 영화에는 독특한 생명체들이 등장한다. 영화 〈괴물〉에서 한강에 나타난 거대한 돌연변이 물고기는 악한 존재가 아니라 환경이 만들어 낸 산물이다. 마찬가지로 유전자 변형 슈퍼돼지 옥자 역시 '괴물'과는 거리가 먼, 주변 인간들의 뜻에 운명이 맡겨진 존재다. 이 두 생명체 모두 화면 속에서 저마다의 성격과 개성을 가진 특별한 존재로 묘사된다. 상상 속 존재에 이러한 서사를 부여할 수 있는 능력은 봉준호 감독만이 가진 재능이다.

"컴퓨터 그래픽이란 걸 알고 있는 사람들이 거부감 없이 크리처를 받아들이게 할 방법은 무엇일까요?" 댄 글래스는 묻는다. "그 목표를 달성하는 데 도움이 될만한 여러 요소가 있습니다. 그중 하나는 봉준호 감독의 작업 방식이에요. 그는 자신이 만든 크리처를 사랑하며 그들을 이해하고 싶어 합니다. 그들은 봉 감독의 연기자로 촬영장에 존재해요. 그의 마음속에서는 실재하거나 마찬가지죠."

봉 감독은 크리처를 디자인하기 위해 한강 괴물과 옥자를 구현해 냈던 장

희철 크리처 디자이너에게 도움을 요청했다. "아주 간단한 크루아상 그림을 장희철 디자이너에게 보냈습니다." 봉 감독은 말한다. "영화에는 베이비 크리퍼, 주니어 크리퍼, 마마 크리퍼까지 세 종류의 크리퍼가 등장합니다. 주니어와 마마 크리퍼는 크루아상과 매우 닮았지만 베이비 크리퍼는 아직 어려서 조금 다르게 생겼어요. 베이비 크리퍼는 아주 사랑스럽고 귀여운, 푹신한 털 코트를 입고 후드를 뒤집어쓴 작은 아이 같아요. 이건 장희철 디자이너의 작품입니다. 그의 아이디어와 접근 방식은 정말 훌륭합니다… 매우 멋지고, 독특하고, 기괴해요. 기괴하지만 매우 사랑스러운 구석이 있죠. 꽤 힘든 작업이었습니다. 영화의 초반부에서는 크리퍼가 소름 끼치고 역겹고 무섭게 보여야 하는데, 중후반부에 가서는 사랑스럽고 친근하게 보여야 했거든요. 이렇게 상반된 두 가지 특성을 모두 가진 크리퍼를 장희철 디자이너가 정말 근사하게 구현해 냈습니다. 그는 절대로 실망시키지 않아요."

글래스는 디자인을 3D로 구성하고 구체화하고 세부사항과 텍스처를 추가

130쪽 위: 크리퍼의 움직임을 보여주는 콘셉트 아트. 댄 글래스는 크리퍼들이 소리를 낼 때 상체를 들어 올리고 완전히 뒷다리로 일어서서 울부짖는다고 설명한다.

하는 작업을 혼자 해내는 장희철 디자이너를 만능인간이라 설명한다. "그 외에도 그는 크리처가 어떻게 생겨났는지, 어떤 모습으로 먹고, 배설은 어떤 식으로 하는지 등도 생각합니다. 이런 과정 속에서 일종의 배경 이야기가 생기죠. 내가 합류했을 때는 이미 꽤 구체적인 디자인이 완성된 상태였어요. 그는 3D 모델링을 사용하지 않고도 거의 조각품 같은 모형을 만들었더군요. 그의 팀에서 우리에게 3D 모형과 사진을 보내줬습니다. 그들은 봉준호 감독과 함께 모형을 만들었고, 크리처들끼리의 비율, 사람과의 비율을 이미 알고 있었죠. 크리처가 움직이는 모양에 대해 아이디어를 줬는데, 움직임은 어떤 크리처를 만들든 중요한 부분이죠. 흠 잡을 데 없이 크리처를 만들었더라도 크리처가 감정을 표현하고, 걷고, 뛰고 움직이기 시작해야 비로소 알 수 있는 부분들이 많거든요. 이에 따라 디자인에 새로운 의견이 추가되기도 하고요. 실제로 크리처를 움직여 보기 전까지 디자인이 완성되지 않는 경우가 많습니다. 이 과정을 R&D 또는 '룩 개발(look development)' 프로세스라고 부르죠."

크리퍼가 움직이는 방식은 확실히 매우 독특하고 특징적이다. 덕분에 디지털효과팀은 여러 가지 방식을 탐구하고 실험할 수 있었지만, 결론적으로 자연스럽고 일관적인 움직임을 구현해야 했다.

"가장 멋진 순간은 크리퍼가 굽이치듯 몸을 펼치는 순간이죠." 글래스는 설명한다. "그 꿈틀거리는 움직임은 그 자체로 특별합니다. 그들은 소름 돋는 비명과 함께 다리와 혀를 허공에 휘두르며 몸을 펼쳐요. 크리퍼는 곤충의 외골격만큼 딱딱하지는 않지만 코뿔소의 피부처럼 질긴 외피를 가진 거대한 깍지벌레와 비슷하게 생겼습니다. 어린 개체들은 좀 더 부드럽게 움직이지만, 여전히 외피가 튼튼하고 다리가 여러 개 달렸죠. 외부의 단단한 껍질과 여러 개의 다리가 모두 열리면 안쪽에 숨겨졌던 이빨과 발톱이 드러나는데, 정말 무서운 장면이에요.

실제로 그런 생물체가 있다면 어떤 모습으로 움직일지 깊이 고민해야 했습니다. 크리처가 포즈를 취하게 한 다음 '그래, 이런 자세가 어떻게 나왔을까?' 생각해 보는 거죠. 이 작업을 위해 동물의 움직임과 애니메이션을 엄청나게 연구했어요. 이 크리처는 어떻게 달릴까? 다리가 그렇게 많으면 서로 금방 엉켜버릴 텐데 말이죠."

한강에 출몰하는 괴물과 옥자의 중요한 특징 중 하나로 자주 칭찬을 받는 요소는 바로 무게감이다. 화면에서 이들은 터벅터벅 걷고, 비틀거리고, 사물에 부딪히며 주변 환경과 '실제로' 상호작용하는 듯한 느낌을 준다. 연못으로 뛰어드는 옥자나 한강변에서 서울 시민 사이를 날뛰는 괴물이 좋은 예시다. 이 작품의 디지털효과팀 역시 눈과 얼음으로 뒤덮인 행성에서 크리퍼의 물리적 존재감을 표현해야 했다.

"2022년 2월 혹은 3월에 이미 영화의 핵심 캐릭터인 크리퍼의 기본 디자인이 완성됐습니다. 괴물의 무시무시한 외형을 잘 표현할 수 있는 디자인이 매우 중요했어요."
_봉준호

131쪽 위: 장희철 디자이너의 초기 콘셉트로, 마마 크리퍼, 인간 캐릭터, 주니어 크리퍼, 베이비 크리퍼의 크기를 상대적으로 비교할 수 있다. 완성된 영화에서는 주니어 크리퍼가 초기 콘셉트에서 묘사된 것보다 실제로 더 컸다.

131쪽 아래: 크리퍼들 사이에 있는 미키의 스토리보드 아트. 봉준호 감독이 좋아하는 크루아상에서 영감을 받아 직접 디자인한 크리퍼의 외형이 매우 뚜렷하게 드러난다.

"그 부분이 정말 흥미로웠습니다." 댄 글래스는 말한다. "장 디자이너의 머릿속에서 이 생물들은 매우 가벼웠어요. 그가 크리퍼와 가장 가까운 비교 대상으로 삼은 생명체는 무게가 가벼운 곤충이나 새였거든요. 하지만 곤충은 이론적으로 뼈대가 없습니다. 그래서 속이 텅 비어있고 가볍죠. 문제는 이 크리처에는 가벼운 애니메이션이 어색해 보인다는 거였어요. 결국 우리는 장 디자이너의 원래 의도보다 더 무겁게 표현해야 했습니다. 관객이 상상하는 정도의 질량감을 부여해야 했거든요. 그들이 눈 속에서 움직이는 만큼, 눈 속에 파묻히는 모습을 촬영할 필요가 있었어요."

관객이 크리처가 나오는 장면을 믿을 수 있게 만들기 위해서는 배우의 역할이 중요하다. 배우들은 가능한 한 실제 크리퍼와 마주하고 있다고 믿어야 한다. 사람들은 디지털 효과가 영화 제작 과정의 후반 작업에서만 사용된다고 오해하곤 한다. 〈미키17〉의 경우, 댄 글래스는 제작 초기부터 크리퍼 작업을 시작해 촬영 전까지 최대한 많은 준비를 마쳤다.

"나는 이 과정을 정말 좋아합니다. 캐릭터를 제대로 이해하는 것 같은 느낌이 들기 때문이죠. 그리고 이 과정을 최대한 일찍 완성해야 한다고 생각해요. 그래야 촬영할 때 배우들에게 관객이 실제로 보게 될 모습을 미리 보여줄 수 있으니까요. 이러한 순간들을 짧게 시연으로나마 보여줄 수 있으면 배우들은 그 장면에서 어떤 일이 일어나는지 더 잘 이해할 수 있습니다."

촬영장에서 크리퍼들을 실제로 구현하는 가장 좋은 방법은 과거에 활용했던 기법을 이용하는 것이었다. 〈옥자〉에서 촬영팀은 튼튼하지만 가벼운 '봉제 인형'으로 제작한 슈퍼 돼지의 일부를 세트나 촬영 장소에 들여와 대본에 따라 옥자의 움직임을 대략적으로 재현했고, 덕분에 배우들은 옥자라는 캐릭터와 상호작용할 수 있었다.

글래스는 크리퍼들을 구현하기 위해 이와 유사한 시스템을 구축했다고 설명한다. "우리는 배우들이 시선을 맞출 수 있도록 여러 부분으로 나뉜 크리퍼 인형들을 만들었습니다. 엄청나게 큰 마마 크리퍼의 머리를 만들어서 막대기에 달고 런던의 인형 조종사들에게 도움을 받았어요. 영화 〈신비한 동물사전〉에서 활약했던 그들은 카메라로 촬영할 때 시선을 맞출 인형들을 조종하는 역할을 맡았어요. 처음 그들과 이야기를 나눌 때, 그들이 〈옥자〉를 모범사례로 두고 작업한다고 하더라고요. 정말 멋지지 않나요."

132~133쪽: 마마 크리퍼 시안들. 크리퍼를 제작할 때 도전 과제는 무서우면서도 친근하며 무엇보다 현실감 있는 크리처를 만들어 관객의 예상을 뒤엎는 것이었다.

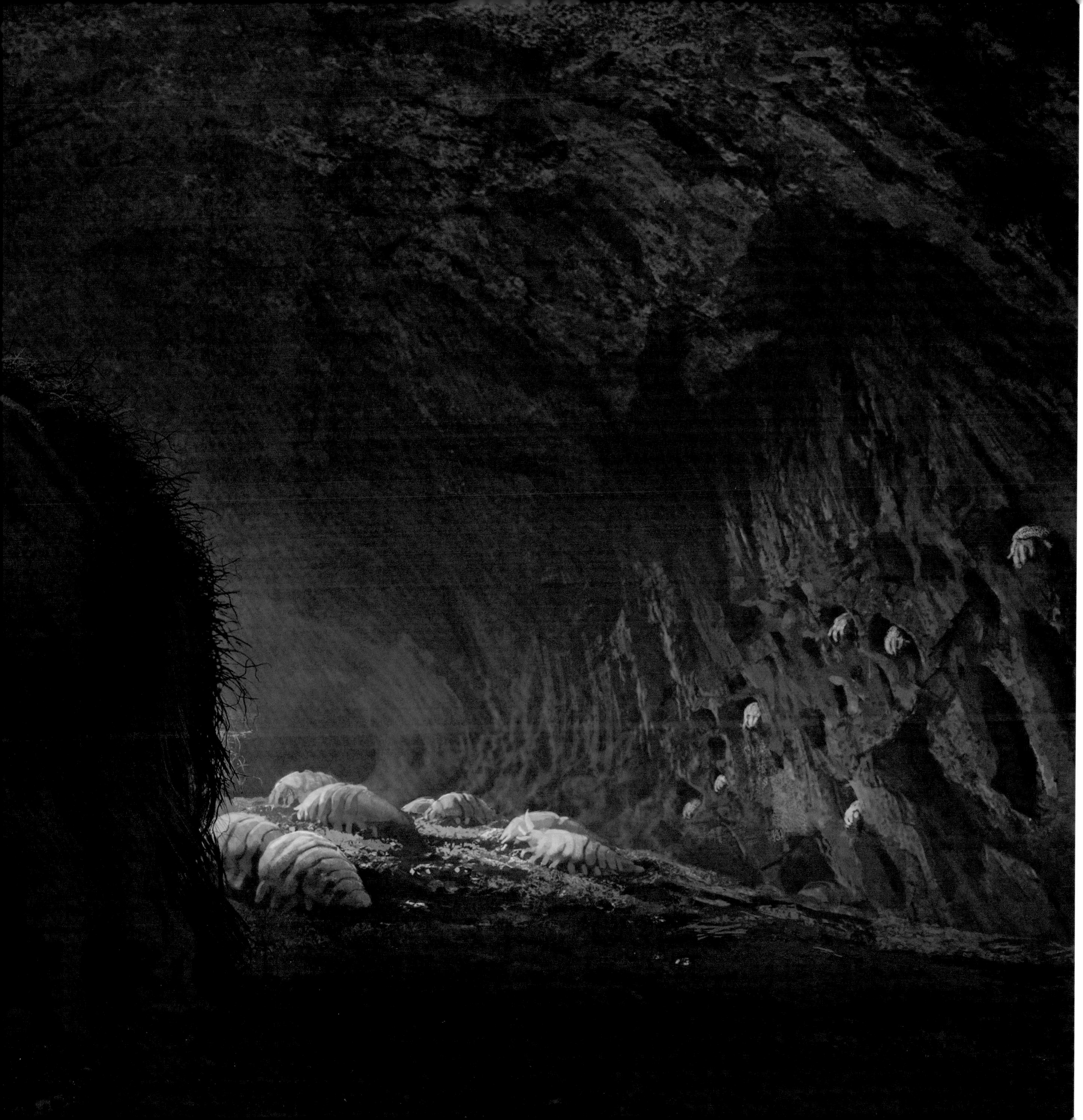

마마 크리퍼

136쪽: "크리퍼들이 어떻게 완성됐는지 정말 보고 싶었어요. 사실 나중에 베이비 크리퍼 인형 하나를 선물 받았죠. 물론 그림과 아트워크를 통해 크리퍼가 굉장히 멋지게 생겼다는 건 알았지만, 실제로 그들을 마주하고 연기를 하려고 하니 정말 묘하더군요. 크리퍼는 꽤 귀여운 구석이 있어요. 귀여우면서 약간 징그럽기도 해요."(나오미 애키)

마마 크리퍼는 크리퍼들의 여왕이자 그들의 어머니 격이다. 위압적인 외모와 목소리를 가졌지만, 봉준호 영화의 팬이라면 첫인상만으로 캐릭터를 판단하지 말아야 한다는 것을 잘 알 것이다. 마마 크리퍼에서 가장 눈여겨 볼 점은 그녀가 어미이며, 그것도 사랑이 깊은 어미라는, 인간에게 보편적인 특성을 가졌다는 것이다. 이러한 특성은 제작진과 성우 그리고 VFX팀에게 도전 과제를 안겨주었다. 어떻게 하면 외계 생명체를 감정적으로 공감할 수 있는 존재로 만들 수 있을까?

"인형 조종사 세 명이 마마 크리퍼를 담당했습니다." 댄 글래스는 말한다. "한 명은 머리를 들고, 두 명은 뒤쪽 몸체를 움직였어요. 그들은 움직임과 무게, 마마 크리퍼가 걷는 방식까지 완벽하게 파악해서 정말 훌륭하게 역할을 해냈어요. 눈밭 위에서도 마마 크리퍼 모형을 앞에 두고 촬영했어요. 덕분에 카메라는 어디를 잡아야 할지 알 수 있었고, 배우들도 어디를 보고 연기해야 할지 알 수 있었죠."

디지털 효과의 현실감을 화면에서 더 잘 나타내려면 캐릭터가 그 세계의 날씨나 빛 같은 요소들과 잘 어우러지도록 해야 한다. 제작진은 니플하임이라는 상상 속 세계를 만들 때 이를 반드시 고려해야 했다.

"우리가 제작한 건 가죽의 한 부분이었습니다"라고 글래스는 설명을 이어갔다. "고무 폴리우레탄으로 마마 크리퍼의 피부 조각을 만들고 색을 입힌 다음, 특정 부위를 털로 덮었어요. 이 가죽 조각을 실제로 가지고 다니면서 VFX 구체와 조명 레퍼런스용 구체를 사용할 때 가죽을 거기에 두고 조명 효과를 확인했어요. 이런 작업은 정말 중요합니다. 세계에서 가장 숙련된 조명 아티스트라도 참고할 수 있는 레퍼런스가 필요하다고 생각해요. 조명을 조정할 때 기준이 있어야 하니까. 무엇보다, 나중에 다들 모여서 회의할 때 각자의 의견이 다르더라도 '실제로 조명을 비춰 보니 이랬습니다' 하며 참고할 수 있는 자료를 가질 수 있는 거잖아요."

마마 크리퍼에 생명을 불어넣는 데 필요한 마지막 요소는 목소리였다. 크리퍼는 지각이 있는 존재로, 서로 소통할 수 있으며 결국 미키와도 대화를 나누게 된다. 우주선 기술팀은 마마 크리퍼가 내는 소리를 수신해 영어로 번역하는 송신기를 만든다. 이는 영화의 핵심 줄거리일 뿐만 아니라 소통과 이해라는 영화의 핵심 주제를 강조하기 위한 필수적인 장치다.

"영화 후반부에 주인공 미키와 마마 크리퍼가 대화하는 장면이 나오는데, 영화에서 매우 중요하고 의미심장한 장면입니다. 그 대화에 거의 모든 것이 담겨있고, 그 안에 담긴 함의는 상당히 위협적이기도 합니다. 둘의 대화를 쓸 때 정말 즐거웠어요. 아주 짧지만 간결하면서 강렬한 대화예요. 크리퍼는 소위 행성의 원주민입니다. 하지만 케네스 마샬과 일파는 그들을 아주 혐오하죠. 두 사람은 크리퍼를 더럽고 소름 끼치는 벌레라고 부르지만, 사실 이들은 고도로 발달한 존재이고, 매우 지적이며 심지어 외교적인 존재입니다. 행성에 외교적인 생물이 서식한다는 아이디어가 나를 흥분시켰어요."

영화에서 미키와 마마 크리퍼의 대화가 그토록 중요하다면, 크루아상 모양의 외계 종족에 생명을 불어넣을 배우를 섭외하는 과정은 어땠을까? "마마 크리퍼의 목소리는 매우 중요했는데, 정말 운이 좋았어요." 봉준호 감독은 말한다. "2021년 베니스 영화제 심사위원을 맡았을 때 〈해프닝〉이 황금사자상을 받았습니다. 아나 무글라리스가 그 영화에서 낙태 의사 역을 맡았는데, 매우 인상적이고 강렬한 연기를 펼쳤어요. 우리는 그녀를 마마 크리퍼의 목소리로 섭외했습니다. 아나는 그 역할을 정말 훌륭하게 소화해 냈어요. 그녀의 목소리를 처음 들었을 때 음향팀이 깜짝 놀라더군요. 효과음이나 필터를 전혀 쓰지 않았는데도 믿기 힘들 정도로 벌써 마마 크리퍼와 잘 어울렸어요."

"촬영 때 현장에 음향 부스를 설치할 계획이었습니다." 음향감독 스튜어트 윌슨은 말한다. "하지만 아나가 첫 장면을 촬영할 때, 촬영팀은 로버트 패틴슨의 시선이 자연스럽도록 그녀를 크리퍼가 있는 곳에 배치하길 원했어요. 패틴슨은 크리퍼 모형을 바라보면서 아나와 소통할 수 있었고, 시작부터 흥미로웠어요. 두 캐릭터가 진짜 소통하는 셈이었고, 우리가 영화에 담고 싶었던 장면이었습니다. 이런 작업을 한 번만 하고 끝낼 게 아니어서 나는 아나가 반드시 음향 부스에 들어가야 한다고 고집을 부렸죠. 그래서 포크리프트로 부스를 들여와서 감독이 두 배우 사이를 오가며 지시하고 논의할 수 있도록 크리퍼 모형 아주 가까이에 놓았어요. 그리고 아나가 그 안에 들어가 실제처럼 연기를 펼치면 그 목소리를 녹음했어요. 그녀의 목소리는 원래도 낮고 풍부한데, 이 캐릭터를 위해 목소리를 더 낮췄어요. 정말 놀랍더군요. 그런 목소리는 처음

들어봤습니다. 이미 후반 작업을 거친 것처럼 들리지만 그녀의 실제 목소리가 맞습니다. 그녀는 정말 특별한 목소리를 가졌어요. 현장에서 그녀의 역할을 위해 저음역대를 잘 재생할 수 있는 스피커를 가져와서 로버트 패틴슨이 소통할 음성에 깊이감을 더했어요. 동시에 후반 작업에서 사용할 수 있도록 그녀의 목소리를 깨끗하게 녹음했죠."

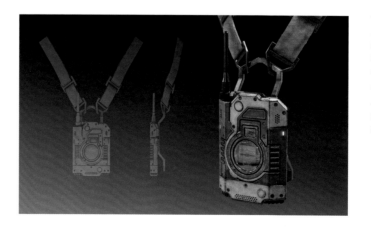

137쪽 위: 니플하임 표면에서 마마 크리퍼와 미키가 대화하는 장면을 카딩턴 세트에서 촬영 중이다. 다른 배우들과의 의사소통을 돕기 위해 배우 아나 무글라리스가 마마 크리퍼 인형 뒤에 앉아 대사를 연기했다.

137쪽 아래: 크리퍼들과 우주선 승무원 간의 의사소통을 가능하게 하기 위해 만들어진 번역 장치. 미키는 이 장치를 사용해 마마 크리퍼와 대화하며, 이를 통해 서로 이해할 수 있게 된다.

조코

미키의 세상에서 그의 존재는 쉽게 대체된다. 그의 목숨은 귀하게 여겨지지 않으며, 마샬과 일파는 사람도 크리퍼도 오직 유용성에 따라 가치를 매긴다. 역설적이게도, 스토리는 중요한 한 생명, 즉 조코의 목숨에 달리게 된다. 조코가 죽느냐 사느냐에 행성의 전쟁과 평화가 갈릴 위기에 놓이게 된 것이다. 소용돌이치는 상황 속에, 미키는 조코의 생명을 구함으로써 마침내 자신의 삶에 의미를 부여할 수 있게 된다.

댄 글래스도 조코를 구현하기 위해 사용한 기계식 모형에 대해 설명을 덧붙였다. "크리퍼와 관련된 작업은 모두 흥미로웠지만, 특히 베이비 크리퍼는 더욱 그랬죠. 처음부터 우리는 이 생명체가 공포심을 불러일으켜야 하며, 마샬을 비롯한 사람들이 조코를 박멸하려는 이유를 납득할 수 있어야 한다고 생각했어요. 하지만 동시에 매력적이고 귀여운 구석이 필요했고, 베이비 크리퍼가 그 열쇠였죠. 베이비 크리퍼들은 그들 무리 중에서 가장 귀엽고, 안아주고 싶은 마음이 들도록 만들어졌습니다. 봉준호 감독이 크기와 무게를 어린아이의 정도로 맞추자는 아이디어를 냈어요. 나는 3D 프린터로 찍어낸 단단한 모

형이 아니라 정말 잘 만든 소품이 필요하다고 생각했고, 관절이 움직이고 무게감도 있어야 하지 않겠냐고 제안했어요. 3.5킬로그램이든 그 이상이든 실제로 무게감이 있어야 할 것 같았어요. 유능한 소품 제작사에서 베이비 크리퍼를 만들어 줬어요.

얼굴 앞쪽의 아래턱 부분은 고정되어 움직이지 않지만 몸은 무거운 자루 같은 형태에 작은 다리들이 붙어있는 구조였습니다. 배우들이 들었을 때 무게도 느껴졌어요. 하지만 배우들이 찍은 테이크가 뭔가 어색하게 느껴지더군요. 가벼운 연습용 모형을 든 모습이 영 보기 좋지 않았어요. 그래서 소품을 교체했고, 실제로 무게가 느껴지자 배우들이 거기에 맞게 움직이는 게 보이더라고요. 그게 맞다고 생각했죠. 소품을 들고 있는데 아무런 느낌이 없으면 실제 같지 않으니까. 그래서 무게감과 축 늘어지는 느낌이 꼭 필요했어요. 실제로 크리퍼를 들고 있던 것처럼 보여서 디지털 효과를 넣을 때도 큰 도움이 됐습니다."

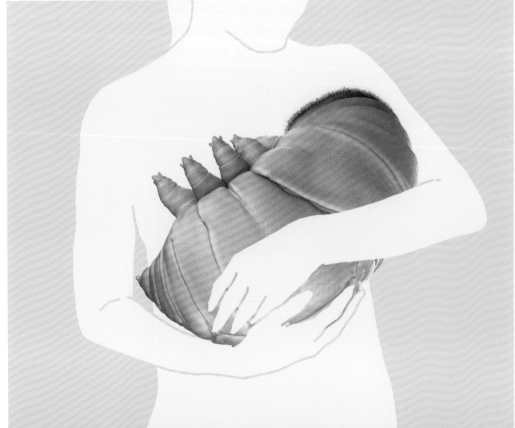

138쪽 아래: 베이비 크리퍼가 화면에 어떻게 구현될지 테스트하는 장면. 유명 VFX 회사인 프레임스토어에서 댄 글래스와 그의 팀의 지도 아래 주요 작업을 맡아 조코를 완성해 냈다.

138쪽 위: 최종 영화 스틸에서 도러시(패치 페란)가 조코를 안고 있는 모습. 도러시는 우주선에서 미키의 동료이며, 크리퍼들과의 공존이 중요하다는 것을 이해하는 인물이다.

139쪽: VFX팀에서 제작한 크리퍼가 세트에서 촬영 준비를 마친 모습.

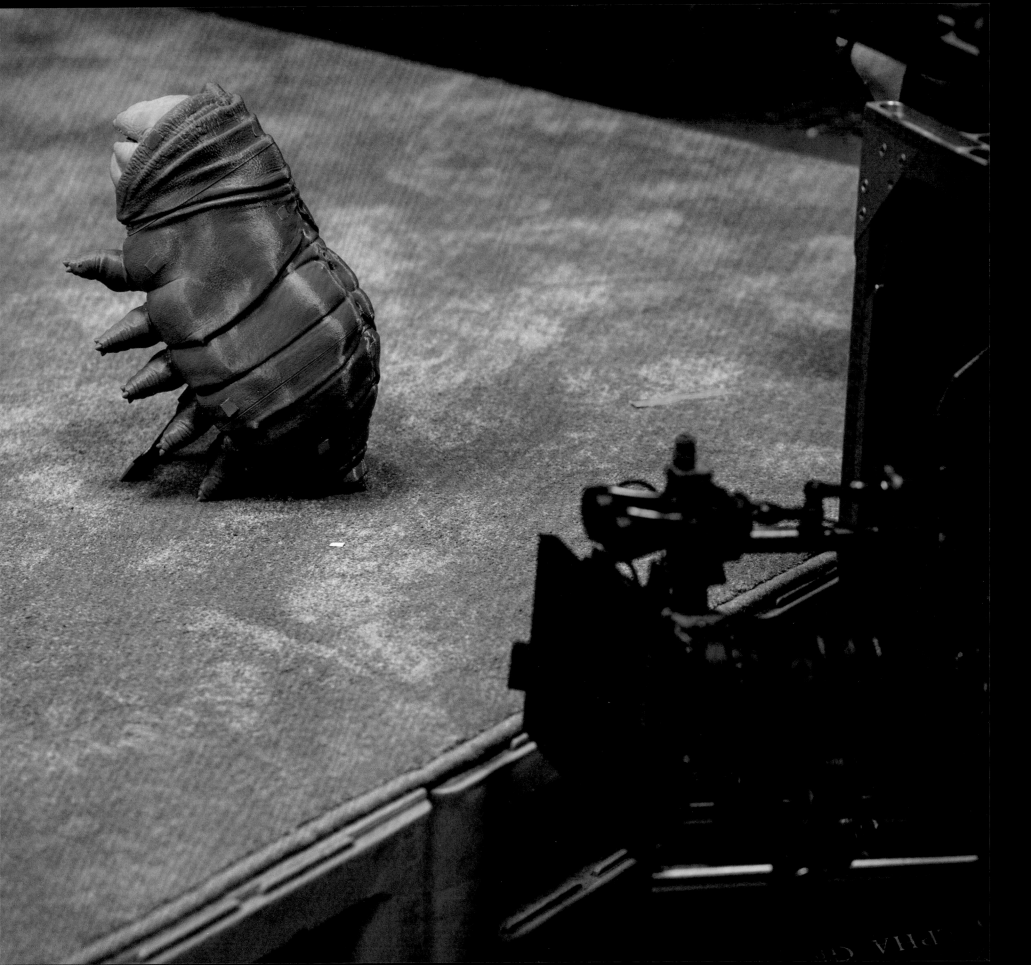

후반 작업

두 명의 로버트 패틴슨을 촬영하는 작업은 제작진은 물론 배우 본인에게도 큰 도전 과제였다. 같은 화면 안에서 똑같이 생긴 두 캐릭터가 마주하는 모습을 기술적으로 완벽하게 구현해야 했기 때문이다. 이를 위해 디지털효과팀은 '1인 2역' 촬영에서 검증된 방법들을 활용하는 동시에 최첨단 기술도 적극적으로 활용했다.

후반 작업에 시간이 많이 필요한 장면이지만, 촬영 중에도 많은 작업이 이루어졌다. 댄 글래스는 이 과정을 다음과 같이 설명했다. "동일한 캐릭터가 함께 등장하는 장면은 많은 영화에서 만들어졌습니다. 간단한 방식으로 하자면, 카메라를 고정시키고 한 배우를 먼저 촬영한 다음, 그 배우를 다른 쪽으로 옮겨 다시 촬영하면 됩니다. 이런 기법은 어떻게 촬영했는지 금방 알 수 있죠. 봉준호 감독의 촬영 스타일도 이와 크게 다르지 않습니다. 우리도 티 나지 않는

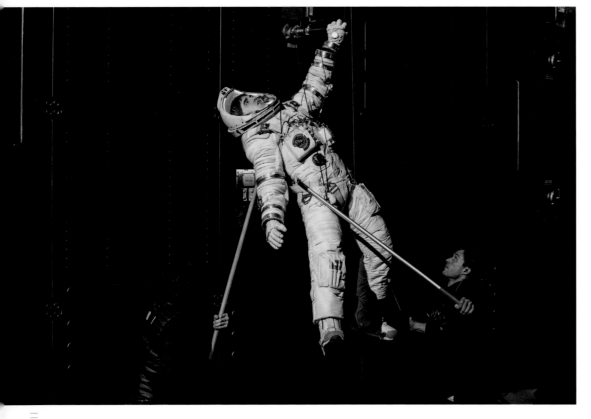

선에서 분할 촬영을 많이 사용했어요. 하지만 좀 더 정교한 기술이 반드시 필요한 장면도 있었어요. 그래서 정말 복잡하지만 멋진 기술을 사용해 봤습니다.

이 영화에서 우리는 한 장면 안에 여러 가지 솔루션을 적용하곤 했습니다. 때로는 화면 분할 촬영 방식을 적용하기도 하고, 때로는 약간의 AI를 섞기도 했어요. 컴퓨터 그래픽으로 신체 일부를 수정한 장면도 있습니다. 여러 가지 요소를 조합해 하나의 장면을 완성한 셈이죠. 나는 개인적으로 이런 접근 방식이 마음에 듭니다. 어떻게 촬영했는지 한눈에 알 수 없으면 촬영 방식을 유추하기가 어려워지니까 말이죠. 그러면 기술 같은 건 잊어버리고 자연스럽게 상황을 받아들이게 될 테니까요.

컴퓨터 그래픽으로 배우를 대신하면 카메라를 움직일 수 있어 가장 자유롭게 촬영할 수 있습니다. 원하는 대로 움직이게 할 수 있고, 누군가와 마주 보고 대화할 할 수도 있죠. 실제 배우에게 연기를 시키고 머리나 얼굴만 컴퓨터 그래픽으로 대체할 수도 있어요. 하지만 인간을 온전히 대체하는 것은 너무나 어려워요. 불가능한 일일지도 몰라요. 예를 들어, 피부 아래로 스며들거나 반사되는 빛의 느낌이라든가, 미세하게 움직이는 근육들은 완벽하게 구현할 수 없습니다. 실제 인간이 표정을 바꿀 때마다 혈류도 달라지거든요. 진짜처럼 보이게 하기 위해 고려해야 할 요소가 너무 많아서 정말, 정말 어렵습니다. AI는 어떤 대상이 사람 혹은 무언가로 보이거나 행동하는 것처럼 느껴지게 만드는 요소가 무엇인지를 이해하려고 노력해요. 매일 화면을 보며 '왜 자연스러워 보이지 않을까? 재킷의 질감이 맞지 않아서 그런가?'를 고민하는 게 내 일인데 말이죠.

AI가 이해한 내용을 바탕으로 모든 작업이 이루어집니다. 레퍼런스가 정확할수록 결과도 더 비슷하게 나와요. 〈트와일라잇〉 시리즈의 로버트 패틴슨 영상을 학습시킨 다음 〈미키17〉의 장면에 적용하려고 하면 어색해 보일 수 있어요. 〈트와일라잇〉에서의 생김새를 기준으로 결과물을 만들 테니까. 레퍼런스가 구체적일수록 결과물도 더 나아집니다. 그래서 매번 로버트 패틴슨에게 두 번째 미키 연기도 직접 하도록 했어요. 다행히 봉준호 감독과 로버트 패틴슨, 그리고 제1조감독 벤이 내 의견을 전적으로 지지해 줬어요. 그래서 기본적으로 한 장면을 두 번 이상 촬영했습니다. 로버트 패틴슨의 연기를 보고 어떤 미키를 중심으로 촬영할지 선택해야 했거든요. 카메라 움직임과 장면의 주요 상호작용을 이끄는 연기를 먼저 촬영한 다음 위치를 바꿔 다시 촬영했어요. 샘이 로버트 패틴슨의 대역을 맡아줬어요. 그의 역할이 정말 중요했는데, 로버트 패틴슨처럼 연기할 수 있어야 하는 데다 키, 신체 구조, 외모까지 그와 아주 닮아야 했기 때문이죠. 보통은 대역 배우의 몸은 그대로 두고 얼굴

만 교체하는데, 우리는 항상 두 사람의 자리를 바꿔 패틴슨에게 두 역할을 모두 연기하도록 했어요.

그리고 독일에서 들여온 특수 장비도 사용했습니다. 내가 〈매트릭스: 리저렉션〉에서 다른 목적으로 개발해 사용했던 장비였어요. 카메라를 사방에 배치해 피사체의 움직임을 촬영한 다음 3D로 구현하는 단일 볼류메트릭 캡처 기술을 바탕으로 만들어졌어요. 사실 완전한 3D 모델을 얻는 것은 아닙니다. 세부적인 형체를 만든다기보다는 형태를 잡는 기술에 가깝죠. 충분히 많은 카메라로 찍은 여러 장의 사진에서 부족한 부분을 채워 넣는 방식이에요. 볼류메트릭 캡처는 대상을 입체적으로 캡처한다는 뜻입니다. 우리는 〈매트릭스〉에서 이 장비를 간소화해서 사용했어요. 촬영장에서 매우 민첩하게 움직여야 했고 촬영에 방해가 되지 않도록 신경 써야 했거든요.

카메라는 여덟 대에서 열 대 정도만 설치했어요. 미키의 침실이나 카페테리아 장면처럼 1인 2역이 필요한 촬영을 할 때마다 이 장비를 가져와서 로버트 패틴슨의 표정과 연기를 촬영하면 될 것 같았어요. 그래서 같은 조명 아래 여덟에서 열 개의 다른 각도에서 영상을 촬영했죠. 우리에겐 필요한 모든 정보와 참고 자료가 있었습니다.

나는 봉 감독이 원하는 촬영 방식이나 그가 계획한 동선, 배우들의 연기에 절대 제약을 두고 싶지 않았어요. 그래서 우리가 어떤 도구를 사용할 수 있을지 연구해야 했습니다. 제작진에게도 확실히 못 박아두었어요. 우리는 그들에게 1인 2역을 연출하는 데 쓰일 네다섯 가지 작업 방식을 설명한 다음, '어떤 순간에 어떤 방식을 사용할지 미리 알릴 것이며, 세트 상황에 따라 방식을 바꿀 수도 있습니다. 우리 때문에 촬영에 제약이 걸리는 일은 없을 겁니다'라고 덧붙였어요. 상황에 맞는 작업 방식을 선택해 감독과 제작진이 만들고 싶어 하는 영화를 막힘없이 촬영할 수 있도록 하는 일에 비중을 뒀어요."

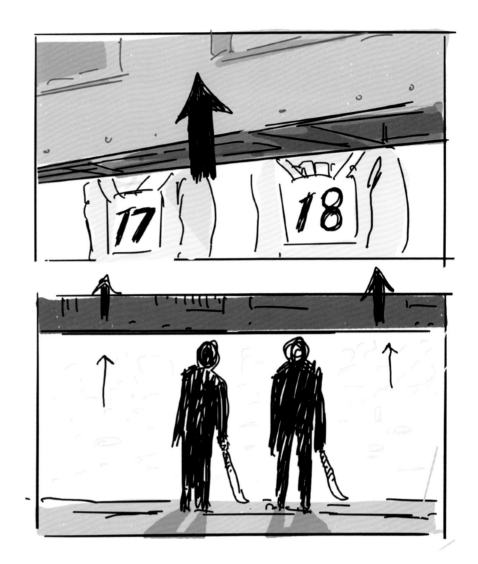

142쪽: 실물 크기의 마마 크리퍼 모형. 마마 크리퍼를 1:1 비율로 구현했다.

143쪽: 봉준호 감독의 간결하지만 감성이 듬뿍 담긴 스토리보드. 미키17과 미키18이 마침내 형제와 같은 관계가 된 모습이 담겨있다.

144~145쪽: 제이미 존스의 또 다른 콘셉트 디자인으로, 크리퍼 떼에 발이 묶인 미키와 온통 크리퍼들로 뒤덮인 니플하임을 바라보는 승무원들의 모습이 담겨있다. 봉준호 감독은 "창밖을 바라보는 그들의 눈에는 세상이 막연하리만큼 거대해 보입니다"라고 회상한다.

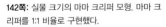

AFTERWORD
맺음말

6

후기

"마마 크리퍼와 대화하는 장면에서
마마 크리퍼의 언어를 흉내 내는 장면이 있습니다.
눈보라 효과가 강력하게 들어간 거대한 세트에서
촬영했는데, 세트 자체가 웅장해서 진짜 할리우드
SF 영화의 한 장면 속에 들어와 있는 기분이었어요.
나는 녹색 테니스공 같은 것에 대고 우스꽝스러운
가글 소리를 냈습니다. 클로즈업 촬영을 하는데

'대체 이게 뭐지?' 싶었던 기억이 나네요.
내가 겪어본 것 중 가장 기괴하고 재미있는 경험 중
하나였어요. 나중에 화면으로 그 장면을 보니
다른 영화에서는 오랫동안, 어쩌면 영원히 볼 수
없을 순간인 것 같다는 생각이 들더군요."

_로버트 패틴슨

"답답한 상태로 촬영장을 벗어난 날이 하루도
없었어요. 보통 현장에서는 골치 아픈 일이 많이
벌어지고, 사실 그게 잘못된 것도 아니에요.
엄청난 열정이 충돌하고, 많은 기기와 사람들이
동시에 움직이고, 모두가 자신의 고유한 기술을
발전시키고 고수하니까. 세트장은 그 모든 걸
안전하게 실현할 수 있는 공간이어야 하죠.
우리 촬영장에서는 염려하고
고민할 필요가 없었어요. 조금은 미쳐도 되는,
정말 즐거운 공간이었어요."

_나오미 애키

"이렇게 창의적인 사람들과 일하게 되어 진정성을
느끼게 됐습니다. 저에게 많은 도움이 됐어요.
아마도 봉준호 감독의 힘인 것 같습니다."

_마크 러팔로

"봉준호 감독과 함께 일할 수 있어서 정말
기뻤습니다. 차분하고 조용한 분위기에서 커피
한 잔을 마시며 아이디어를 주고받는 것만으로도
너무 즐거웠습니다. 그는 유머 감각마저 훌륭해요.
정말 재미있는 사람입니다. 인간을 기상천외하고
신선한 시각으로 바라보며, 우리 모두를 독특한
방식으로 풀어낼 줄 아는 훌륭한 스토리텔러예요."

_피오나 크롬비

"나는 그저 친절한 사람들,
재능 있는 사람들과 함께했으면 좋겠다고
생각했어요. 이쪽 업계는
점점 거대해지고 배워야 할 것들로 넘쳐나고
있거든요. 봉준호 감독으로부터
많은 걸 배우고 싶었는데,
내 바람대로 이루어졌습니다.
정말 소중한 경험이었어요."

_도미닉 투오히

"내가 이 작품에 보탬이 될 수 있으리라고
믿어줘서 큰 영광이었습니다."

_댄 글래스

"모든 스태프가 최선을 다하려고
노력하는 이유는 봉준호 감독이 각 부서의
노고를 진심으로 존중해 주기 때문이라고
생각합니다.
무언가를 제안했을 때 봉 감독이
정말 좋아하면서 미소를 지으면,
그게 내겐 큰 성취로 느껴집니다."

_캐서린 조지

"진정한 공상과학이란 무엇인가를 고민해 봤어요.
그리고 모든 것이 끝난 미래 세계,
상황이 나아질 기미가 보이지 않고, 인간의 잘못이
드러나는 세계를 상상했어요. 인간은 수년 전
지구에서처럼 똑같은 과오를 범하지만,
여전히 인류애를 찾을 수 있기를 바라고 있어요.
미키라는 캐릭터는 비록 기계에서 태어났지만
실제 인간이며, 어쩌면 우주선 안에서 유일하게
진정한 인간이에요. 이 작품은 카프카가
썼을법한 이야기를 정반대의 관점으로 접근합니다.
카프카를 완전히 거꾸로 뒤집어 놓은 것 같은
느낌이랄까."

_다리우스 콘지

"일파라는 캐릭터는 원작 소설에 없습니다.
이야기의 어둡고 부정적인 면을 표현하려면
일파가 필요했어요. 영화의 마지막 순간에
일파가 등장하는 이유이기도 하죠.
그녀와 그 악몽 같은 장면이 없었다면
영화의 말미는 아주 평화롭게, 이른바
해피엔딩으로 끝났을 겁니다.
하지만 그 충격적이고 강렬한 악몽 같은 장면이
존재하기 때문에 결말이 달라질 수 있다고 생각해요.
물론 미키가 버튼을 눌렀고 인간프린터가
폭발했으니 여전히 해피엔딩이라고 말할 수도
있겠네요. 끔찍한 시스템으로부터 분명히
해방됐으니까. 하지만 그 악몽 같은 장면은
강렬한 인상을 남기고, 나는 그 인상이 해피엔딩
이후에도 남기를 바랍니다. 극장을 떠나
집에 도착한 후에도 관객들의 머릿속에
그 충격적인 장면이 아주 짙게 남아있었으면
좋겠어요. 마치 일파가 그들을 계속
따라다니는 것처럼…"

_봉준호

감사의 말

이 프로젝트를 위해 기꺼이 시간을 내어 준 봉준호 감독, 최두호 프로듀서 그리고 모든 출연진과 제작진에게 감사의 뜻을 전합니다. 〈미키17〉의 제작 과정을 엿볼 수 있어 큰 영광이었습니다. 앤절린 로드리게스, 라울 고프, 리아 브라운 그리고 인사이트 에디션의 모든 팀원들의 믿음과 노력이 없었다면 이 책을 집필하는 것은 불가능했을 것입니다.

154~155쪽: 오래 함께 일한 동료들과 새로운 친구들로 가득 채워진 촬영 현장의 순간들. 봉준호 감독은 "수많은 사람들에 둘러싸여 미치도록 정신없었던…"이라고 회상한다.

이 책에 실릴 작품들을 제공해 주신 아티스트 및 사진작가 여러분, 맥스 버먼, 알렉스 클라크, 첼시 데이비슨, 제이비 존스, 제이슨 녹스존스턴, 조너선 올리, 로버트 롤리, 알렉산더 스토야노프, 게오르기 타네프, 샘 윌리엄스, 카트렌 우드께 특별한 감사의 말씀을 전합니다.

옮긴이 **배지혜**

뉴욕 시립대 버룩칼리지 경제학과를 졸업했다. 유학 시절 재미있게 읽던 작품을 한국어로 옮기고 싶다는 욕심이 생겼고, 현재
글밥아카데미를 수료한 뒤 바른번역 소속으로 활동 중이다. 역서로는 〈시체와 폐허의 땅〉, 〈워런 버핏의 위대한 부자수업〉,
〈1984〉, 〈그녀가 테이블 너머로 건너갈 때〉, 〈미키 7〉 등이 있다.

미키 17: 아트 앤 메이킹

초판 1쇄 인쇄 2025년 3월 10일
초판 1쇄 발행 2025년 3월 17일

지은이 | 사이먼 워드
옮긴이 | 배지혜
발행인 | 강봉자, 김은경
펴낸곳 | (주)문학수첩

주소 | 경기도 파주시 회동길 503-1(문발동 633-4) 출판문화단지
전화 | 031-955-9088(마케팅부), 9530(편집부)
팩스 | 031-955-9066
등록 | 1991년 11월 27일 제16-482호

홈페이지 | www.moonhak.co.kr
블로그 | blog.naver.com/moonhak91
이메일 | moonhak@moonhak.co.kr

ISBN 979-11-93790-87-8 03680

• 파본은 구매처에서 바꾸어 드립니다.

ROOTS of PEACE   ⊕ REPLANTED PAPER

Insight Editions, in association with Roots of Peace, will plant two trees for each tree used in the manufacturing of this book. Roots of Peace is an internationally renowned
humanitarian organization dedicated to eradicating land mines worldwide and converting war-torn lands into productive farms and wildlife habitats. Roots of Peace will plant
two million fruit and nut trees in Afghanistan and provide farmers there with the skills and support necessary for sustainable land use.

Manufactured in China by Insight Editions

10 9 8 7 6 5 4 3 2 1